오래된 말의 힘

오래된 말의 힘

초판 1쇄 발행 2018년 9월 19일

지은이 채지희
펴낸이 권미경
편집　서지우
마케팅 심지훈, 정세림
디자인 김종민
일러스트 원동민
펴낸곳 (주)웨일북
등록 2015년 10월 12일 제2015-000316호
주소 서울시 마포구 월드컵북로4길 30, 202호
전화 02-322-7187 **팩스** 02-337-8187
메일 sea@whalebook.co.kr **페이스북** facebook.com/whalebooks

소중한 원고를 보내주세요.
좋은 저자에게서 좋은 책이 나온다는 믿음으로, 항상 진심을 다해 구하겠습니다.

이 도서의 국립중앙도서관 출판예정도서목록(CIP)은 서지정보유통지원시스템 홈페이지(http://seoji.nl.go.kr)와 국가자료공동목록시스템(http://www.nl.go.kr/kolisnet)에서 이용하실 수 있습니다.(CIP제어번호: CIP2018028271)

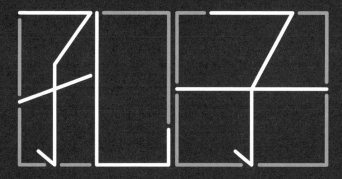

가장 현재적인 순간에
가장 고전적인 지혜를 만나다

오래된 말의 힘

채지희 지음

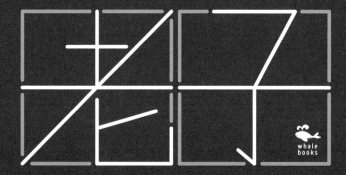

whale
books

진정한 어른이 필요한
초보 어른에게

나는 내 인생의 초보자입니다

내 인생에서 나는 늘 초보자입니다. 스무 살, 서른 살도 처음 살아보고, 마흔 살, 쉰 살이 되어도 마찬가지겠지요. 그래도 어릴 때는 초보인 나를 붙잡고 친절하게 답을 가르쳐주는 사람들이 많았습니다. 부모님, 선생님, 친척, 심지어 모르는 어른들도 초보자의 실수에 관대하곤 했지요.

나이가 들어도 여전히 지금의 삶에는 초보인데, 이제는 답을 알려주는 사람이 없습니다. 어른이 됐으니 알아서 사는 게 당연하다고 말하죠. 설사 누가 가르쳐 준다고 해도 머리가 굵어지고 습관이 배어 의심부터 듭니다. '내가 배울게 있는 상대인가?' 하고요. 그래서 보통 성공을 검증받은 유명 인사들의 이야기를 귀담아 듣곤 하지요. 물론 주변의 인품 좋은 선배, 말이 잘 통하는 친구, 어리지만 배울 점이 많은 후배를 만나기도 합니다. 하지만 잠깐의 하소연일 뿐, 이들에게 모든 것을 물어보기는 어렵습니다.

늘 내 곁에 머물며 부모님, 선생님, 상담자, 친구처럼 돌보아줄 사람이 있다면 얼마나 든든할까요? 지혜, 경험, 신뢰를 바탕으로 인생을 이끌어가는 데 도움을 주는 정신적 지주. 내가 어리석은 질문을 던지거나 부족한 행동을 보여도 현명한 처신으로 깨우침을 주는 진정한 어른 말이지요. 나에게 '진짜 어른'은 누구일까? 스스로 질문을 던졌을 때 분야별로 떠오르는 롤모델은 여럿 있었습니다. 하지만 인생 전체를 이끌어줄 만한 사람은 마땅치 않았지요.

그때 눈 돌린 곳이 성인현철聖人賢哲들이 남긴 기록이었습니다. 어떤 지혜가 담겼기에 수천 년이 지난 지금까지 널리 읽히는지 이 나이가 돼서야 진심으로 궁금해진 거죠. 시험보기 위해 이름만 대충 외웠던 고전의 전문을 하나하나 접하면서 안타까운 마음이 들었습니다. '지금 알게 된 것을 그때도 알았더라면, 조금 더 현명하게, 조금 더 성숙하게 처신하지 않았을까?' 하고요. 여러 해설서를 비교하고 한 문장 한 문장 곱씹으며 성현들의 지혜를 내 삶에 고스란히 녹여내고 싶다는 욕심이 생겼지요.

고대 중국의 춘추전국시대는 경쟁과 싸움으로 얼룩진 약육강식의 시대였습니다. 동시에 정치, 사회, 경제, 문화가 역동적으로 변화하는 시기였지요. 난세를 극복하기 위해 등장한 제자백가는 혼란한 시기에 개인과 사회가 어떻게 대응해야 하는지 다양한 의견을 내놓았습니다. 그중 현재까지도 양대 학파로 손꼽히는 것이 바로 유가儒家와 도가道家입니다.

접근 방식에 차이가 있을 뿐, 두 사상이 추구하는 맥락은 동일합니다. '성숙한 어른'으로 사는 길을 제시하는 것. 두 학파의 창시자인 공자와 노자는 치열한 외부 환경을 극복하는 핵심이 변화한 '자신'에게 있음을 일깨웠지요. 춘추전국시대만큼이나 치열한 변혁의 시대를 사는 우리에게도 이 사실은 여전히 유효합니다. 시대의 흐름을 초월해 어른으로서 갖춰야 할 변치 않는 기본 원칙을 제시했기에, 그들이 고민한 흔적이 지금까지도 울림을 주는 거죠.

이 책은 어려운 고전 해설서가 아닙니다. 내 인생에 대해 상의할 진짜 어른을 만나기 위해 고전을 활용하는 응용서이지요. 공자와 노자를 우리의 일상으로 모셔 와 초보 어른의 외로움과 성숙한 어른이 되기 위한 어려움을 호소해보려 합니다. 그래서 각 장마다 평소 일어날 수 있는 에피소드와 함께 《논어論語》와 《도덕경道德經》에 기초한 조언이 담겨 있습니다. 개별 상황마다 공자와 노자가 어떤 해답을 제시하는지 귀 기울여 듣고, 다시 질문하고, 스스로 깊이 숙고하는 시간을 가져보기를 바랍니다. 그 과정 속에서 '지금 내가 잘하고 있구나'라는 자기확신 또는 '이 부분은 바꿔봐야겠다'라는 자기반성을 얻을 수 있을 겁니다.

책을 아무리 많이 읽어도 삶이 변화하지 않는다면 책을 읽지 않은 것만 못합니다. 책의 가르침으로 사람이 성숙하고, 삶의 모습이 바뀔 때 비로소 그 책의 가치가 발휘되는 것이죠. 이 책의 에피소드와 그에 대한 조언은 하나의 예시에 불과합니다. 고전의 가르침으로 일상을 해석하는 방식을 보이고자 저의 경험을 잠시 빌려왔을 뿐이죠. 저의 작은 바람은 이 책을 읽고 난 이후 《논어》와 《도덕경》 원작을 펼쳐보는 독자들이 생기는 것입니다. 그리고 개인이 처한 각기 다른 상황에 공자와 노자를 직접 초대하는 거죠.

그때 당신만의 진짜 어른은 당신에게 어떤 해답을 말해줄까요? 이제 고전의 가르침으로 당신만의 일상을 해석할 차례입니다.

2018년, 결실을 준비하는 계절의 경계에서
채지희

목차 ——————————————————————————

02 퇴근길의 노자

출근길의 공자

01

사람이 도를 넓히는 것이지,
도가 사람을 넓히는 것이 아닙니다.

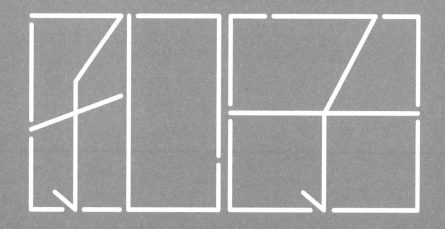

대체 왜 내 말을
안 듣는 거야?

"오 팀장, 미안해. 더는 못 버티겠어. 뒷일을 부탁하네."

이사가 새로 부임한 후 부서장만 벌써 세 번째 바뀌었습니다. 형식상으로는 자진 퇴사였지만, 실은 해고나 마찬가지라는 것을 직원들도 모두 알고 있었습니다. 공공연한 비밀이었죠.

처음 이사님이 부임했을 때 직원들의 기대는 컸습니다. 국내 유명대학 교수 출신이고 해외 유학 경험도 있는 그가 회사와 직원들의 역량을 업그레이드 시켜줄 거라고 믿었습니다.

비전을 다시 세우고 반짝이는 신규 사업을 만들자는 취지로 워크숍과 아이디어 회의가 반복되었습니다. 서류 작업이 늘고, 인력

보강은 없이 팀마다 새로 진행해야 할 사업이 생겨났습니다.

이사님은 모든 팀 실무자를 일일이 만나 세부 실행 사항까지 직접 관여했습니다. 그때마다 기존에 안정적으로 추진되던 사업 진행 프로세스가 무시되고, 부서장 전결로 처리된 사항까지 번복되는 일이 잦아졌습니다.

실무를 진행하는 직원들의 원성이 높아졌고, '왜 직원들이 내가 시키는 대로 못 하나. 능력이 안 되는 직원은 자르라'며 압박하는 이사님을 방어하느라 부서장들은 골머리를 썩기 일쑤였습니다. 그러다 결국 부서장들도 같은 이유로 잘려나갔습니다.

"오 팀장, 기존 사업은 이제 잘 돌아가잖아? 거기서 손 떼고 내가 새로 지시한 업무에 올인 해야지?"

"노 팀장, 이번에 나오는 영상이랑 홍보책자에 내 사진이랑 프로필 들어갔으면 하는데?"

이사님의 관심사는 부임 이후 변화된 것들, 그 변화의 주역이 본인이라는 것을 알리는 데만 집중되어 있었습니다. 그래서 기존에 중심이 되었던 사업은 축소하거나 폐지하고, 본인이 관여해서 만든 새로운 사업에 직원들을 동원하고, 대외적으로 그것을 홍보하는 데 급급했습니다.

직원들 중 일부는 업무 의욕을 잃었고, 일부는 이사님의 눈치를

오래된 말의 힘

보며 잘 보이기 위해 애썼습니다. 잘 보이려 애쓴 사람들은 인사고
과 규정과 상관없이 특별 승진됐고, 업무 의욕을 잃은 책임자들은
줄줄이 회사를 나갔습니다.

헤드십과 리더십은
다른 것입니다.

노나라 임금 애공이 물었습니다. "어떻게 해야 백성들이 따르게 될까요?"

공자님이 대답했습니다. "바른 사람을 뽑아서 바르지 못한 사람들 위에 두면, 백성이 따르게 됩니다. 그러나 바르지 못한 사람을 뽑아서 바른 사람들 위에 두면, 백성은 따르지 않습니다."

《논어》, 〈위정 19〉

노나라 재상 계강자가 물었습니다. "백성들이 공경하는 마음과 충성심을 갖고 열심히 일하게 하려면 어떻게 해야 합니까?"

선생님이 말씀했습니다. "백성에게 정중한 태도로 대하면 공경할 것이고, 효도와 자애를 실천하면 충성할 것이고, 어질고 능력 있는 사람을 써서 능력이 부족한 사람을 가르치면 열심히 일할 것입니다."

《논어》, 〈위정 20〉

오래된 말의 힘

노나라 재상 계강자가 공자님에게 나라를 다스리는 일에 대해 물었습니다. 공자님이 대답했습니다. "나라를 바르게 하는 것입니다. 재상께서 바른 것으로 본보기를 보인다면, 누가 감히 바르지 않은 일을 하겠습니까!"

《논어》, 〈안연 17〉

제자 번지가 어짊에 대해 묻자 선생님이 말씀했습니다. "사람을 아끼는 것입니다." 지혜에 대해 묻자 말씀했습니다. "사람을 알아보는 것입니다."

번지가 그 뜻을 파악하지 못하자 자세히 설명했습니다. "바른 사람을 뽑아 바르지 못한 사람들 위에 두면, 바르지 못한 사람도 바르게 될 수 있습니다."

번지가 물러나와 제자 자하를 만나 말했습니다. "좀 전에 내가 선생님을 뵙고 지혜에 대해 여쭈었더니 바른 사람을 뽑아 바르지 못한 사람들 위에 두면, 바르지 못한 사람도 바르게 될 수 있다고 말씀하셨는데, 무슨 뜻입니까?"

자하가 말했습니다. "넓게 포괄하는 말씀입니다! 순임금이 천하를 다스릴 때 사람들 중에 고요를 뽑아 쓰자 어질지 않은 사람들이 멀어졌습니다. 탕임금이 천하를 다스릴 때 사람들 중에 이윤을 뽑아 쓰자 어질지 않은 사람들이 멀어졌습니다."

《논어》, 〈안연 22〉

제자 자로가 나라를 다스리는 일에 대해 묻자 선생님이 말씀했습니다. "솔선수범한 뒤에 사람들을 일하게 해야 합니다." 말씀을 더 청하니, "이 일에 게으름이 없어야 합니다."라고 말씀했습니다.

《논어》, 〈자로 1〉

"자신이 바르면 명령하지 않아도 사람들이 바르게 행동하고, 자신이 바르지 않으면 명령해도 사람들이 따르지 않을 것입니다."

《논어》, 〈자로 6〉

공자는 선배나 책임자 자리에 있는 사람들이 "어떻게 다른 사람을 움직일까?"를 물어올 때마다 "어떻게 스스로를 바로 세울까?"부터 고민하라고 답변했습니다.

가정에서 부모의 모습을 보고 아이들이 말과 행동을 따라하듯

오래된 말의 힘

이, 조직에서는 선배나 책임자의 모습을 보고 그에 맞춰 직원들이 말과 행동을 어떻게 할지 결정하게 됩니다. 그래서 선배나 책임자의 위치에 있는 사람들이 말과 행동을 바르게 하고 솔선수범하는 모습을 보여야 하는 것이지요.

물론 부모니까 선배니까 윗자리에 있으니까 시키는 대로 하라고 윽박지르면 자녀, 후배, 아랫자리에 있는 사람들이 어쩔 도리는 없습니다. 당장은 그 권한에 눌려 시키는 대로 하는 흉내를 내야겠지요.

그러나 이런 방식이 지속되면 언젠가는 탈이 나게 됩니다. 자녀들은 반항하거나 몰래 엇나간 행동을 합니다. 후배들은 나를 피하거나 찾아오지 않지요. 아랫자리에 있는 사람들은 불만이 가득한 얼굴로 혹은 의욕 없는 태도로 일하며 자기들끼리 뒷담화를 하다 결국 지쳐 사표를 내고 나가버립니다.

우리는 리더십과 헤드십을 구분할 줄 알아야 합니다. 진정한 리더십은 집단을 유지하고 목표를 달성하기 위해 구성원들이 기꺼이 자발적으로 참여하도록 유도하는 능력입니다. 반면 헤드십은 서열이나 제도로 부여된 직위와 권한을 사용해 구성원들을 강제로 움직이게 하는 능력을 말합니다. 바른 것으로 본보기가 되어 상대방을 감화시켜야 한다는 공자의 말씀은 전자에 가까운 것이겠지요.

자녀가, 후배가, 팀원들이 요즘 내 말을 영 안 듣나요? 디들 성격도 안 좋고, 능력도 부족하고, 태도도 삐딱하게만 보이나요? 이들보다 좀 더 훌륭하고 괜찮은 사람들과 함께라면 지금 상황이 180도로 달라질 것 같은가요? '이 사람들을 어떻게 바꿔야 하나'라는 생각에 마음의 화살을 온통 밖으로만 향하고 있는 당신에게 공자님이 묻습니다.

> "당신은 바르지 못한 사람들을 바르게 만드는 사람입니까, 아니면 바른 사람들을 바르지 못하게 만드는 사람입니까?"

인仁

인은 사람을 사랑하는 것(愛人)입니다. 그래서 자기 마음을 미루어 남의 마음을 헤아리고, 자기가 원하지 않는 것은 남에게도 시키지 않는 것이죠. 이렇게 사람을 사랑하고 사람답게 행동하는 것은 인간이라면 누구나 가진 도덕적 능력입니다. 그런데 살다 보면 개인의 사적인 이익을 추구하려는 욕구가 이 도덕성을 자꾸만 가리게 됩니다. 그래서 스스로를 부단히 갈고닦아 사적인 욕구를 이겨내야만 인에 가까워질 수 있는 거죠. 꾸준한 자기 수양을 통해 사적인 욕구를 이겨낸 사람은 자연스럽게 타인을 배려할 줄 알게 됩니다. 더 나아가 자신이 소속된 집단이나 사회 안에서 전체의 조화와 공적인 이익을 이루는 데 관심을 갖고 노력하게 되지요. 그로인해 정직(直), 의로움(義), 용기(勇), 지혜(智) 등 사람이 사람답게 살아가는데 중요한 다른 덕목들도 실현이 되고요.

그런 의미에서 공자가 말하는 인은 결국 모든 개별 덕을 총괄하는 완전하고 보편적인 덕(全德)을 뜻하게 됩니다.

왜 다들 내 진가를
모르는 걸까?

아끼던 후배 A가 있었습니다. 작은 일에도 솔선수범하고 예의 바르고 싹싹한 성격이라 힘든 일이 있어도 서로 의지하며 즐겁게 일했습니다.

그러던 어느 날 출장길에 그 직원이 하소연하듯 속내를 털어놨습니다.

"옆 팀 B 씨는 저랑 동갑인데 입사 때 직급 달고 들어와서 벌써 프로젝트 담당자가 됐잖아요. 경력이나 실력 면에서 저랑 별 차이도 없는 것 같은데, 그 팀 팀장님이 유독 예뻐하는 것 같아요."

마음이 쓰였던 저는 다음 진급 시기에 직급이라도 달게 해주고 싶어서 이력서를 다시 찬찬히 들여다봤습니다. 하지만 진급 대상 경력기간이 모자랐고, 프로젝트 하나를 전담하려면 실제 업무 역량 측면에서도 좀 더 경험을 쌓아야 할 상황이었습니다.

승급 발표가 나고 의기소침해진 후배 직원에게 올해 프로젝트의 전반적인 운영 내용을 익혀서 내년에 스스로 운영해보자고 위로했습니다.

그런데 며칠 후 부장님으로부터 면담 요청이 왔습니다.

"오 팀장, 어떻게 할까? A 직원이 지금 하는 일 그대로면 회사 그만두겠다고 하네. 새로운 프로젝트 해보고 싶은데, 기회 없으면 관두겠대. 괘씸해서 그만두라고 하려다가 오 팀장한테 물어보고 결정하려고."

부장님도 저도 A가 조금 더 역량을 쌓아야 한다고 판단했습니다. 하지만 우리 판단이 틀렸을 수도 있으니 기회라도 줘보자는 생각에 올해 새롭게 진행하는 연구 프로젝트를 맡기고 부장님 직속으로 소속을 변경했습니다. 그리고 우리 팀에 부족한 인력은 급하게 계약직 직원을 채용하고, 정규직 채용 공고를 올리기로 했습니다.

저도 사람인지라 솔직히 섭섭했습니다. 배신감도 느꼈습니다. 그래도 본인이 선택한 일이니 보란 듯이 홀로서기를 바랐습니다.

하지만 실제 업무 운영 역량이 부족한 상태이다 보니 수행 계획 수립부터 삐걱거리기 시작했습니다.

신규 프로젝트 수행 계획이 계속 반려되면서 업무에 진척이 없었습니다. 주간회의에서 A가 담당 업무의 진행 상황을 발표할 때마다 싸한 분위기가 이어졌습니다. 결국 몇 달 지나지 않아 A는 스스로 퇴사 결정을 내렸습니다.

묵묵히 진짜 실력을
갈고닦을 때입니다.

"배우고 때에 맞게 익혀나가면 기쁘지 않겠습니까? 벗이 먼 곳에서 찾아오면 즐겁지 않겠습니까? 남들이 알아주지 않아도 노여움을 품지 않으면 군자답지 않겠습니까?"

《논어》, 〈학이 1〉

"남이 나를 알아주지 않는 것을 근심할 것이 아닙니다. 내가 남을 알아보지 못할까 근심해야 합니다."

《논어》, 〈학이 16〉

"지위가 없다고 걱정하지 말고, 지위를 맡을 만한 자질을 갖추었는지 걱정해야 합니다. 자기를 알아주는 사람이 없다고 걱정하지 말고, 알려질 수 있을 만한 실력을 구해야 합니다."

《논어》, 〈이인 14〉

선생님이 제자 칠조개에게 벼슬을 하라고 권유하자 칠조

오래된 말의 힘

개가 대답했습니다. "저는 아직 그런 자리를 감당할 자신이 없습니다." 이 말을 듣고 선생님이 기뻐했습니다.

《논어》, 〈공야장 6〉

제자 자로가 후배 자고에게 반란이 자주 일어나는 비 지역 책임자 일을 맡기자, 선생님이 말씀했습니다. "자고는 아직 배움이 부족한데, 남의 자식을 해치는군요." 자로가 말했습니다. "그곳에는 다스려야 할 백성과 사직이 있습니다. 반드시 책을 읽은 다음에 배우게 되는 것은 아니지 않습니까?" 선생님이 말씀했습니다. "이래서 내가 말재주 부리는 사람을 미워하는 것입니다."

《논어》, 〈선진 25〉

제자 자공이 사람들을 비교하며 평가하니, 선생님이 말씀했습니다. "자공은 나보다 나은가 봅니다. 나는 그럴 만큼 한가하지 않습니다."

《논어》, 〈헌문 30〉

"남이 나를 알아주지 않는 것을 걱정하지 말고, 자신이 능력이 없음을 걱정해야 합니다."

《논어》, 〈헌문 31〉

궐당 마을의 어린 소년이 전갈하러 왔습니다. 어떤 사람이 물었습니다. "발전성 있는 아이입니까?" 선생님이 말씀했습니다. "어른들 자리에 버젓이 앉아 있고, 선배들과 나란히 걸으려 하는 것을 보았습니다. 배우고 익혀 스스로 더 나아지기를 구하는 것이 아니라 빨리 출세하려고 조급해하는 아이입니다."

《논어》, 〈헌문 45〉

"군자는 자신의 능력이 없음을 걱정하지, 다른 사람이 자기를 알아주지 않는 것을 걱정하지 않습니다."

《논어》, 〈위령공 19〉

공자는 평생 배우고 익혀야 함을 강조했습니다. 말뿐 아니라 스스로의 삶 속에서도 배우고 익히는 일을 몸소 실천했지요. 그런 공자님이 제자들에게 늘 경계시켰던 것이 있습니다. 바로 배움과 익힘이 부족한 상태에서 함부로 나서는 일입니다.

충분히 배우고 익혀 스스로를 수양하지 않은 상태에서 나서서 일을 맡거나 책임을 지게 되면, 주변 사람들이 힘들어질 뿐만 아니라 자기 성장에도 해가 된다는 사실을 알고 있었기 때문입니다. 그래서 제자들이 의욕만 가지고 도가 넘치는 행동을 할 때마다 꾸짖고 타이르는 장면이 《논어》 곳곳에 등장합니다.

공자는 배우고 때에 맞게 익혀나가는 것 자체를 기쁘게 여겨야 한다고 생각했습니다. 그러면 뜻을 함께하려는 사람들이 자연스럽게 나를 찾아오게 되고, 정말 능력이 있다면 주변에서 가만두지 않을 거라고 믿었지요. 설사 주변에서 알아주지 않아도 남 탓, 환경 탓을 하기보다 내공을 쌓고 실력을 겸비하는 데 집중해야 한다고 여러 번 강조하고 있습니다.

말만이 아니라 행동으로도 보여줬지요. 약육강식의 논리가 지배했던 춘추전국 시대에 도와 덕으로 사람들을 이끌어야 한다는 공자님의 깨달음은 그 당시 책임자들에게 번번이 거절당했습니다. 공자도 사람인지라 속상하고 안타까운 마음이 들었지만, 화내거나 좌절하지 않기 위해 스스로 노력했습니다.

각 나라 책임자들이 알아주지 않아도 배우고 익히는 일을 게을리하지 않았고, 이렇게 깨달은 내용들을 제자들에게 하나하나 전수해서 수천 명의 제자들에게 영향을 미칩니다. 그 제자들이 벼슬을 하고, 학문을 하고, 후학을 양성하면서 지금까지도 그 깨달음이 전해지고 있는 거죠.

나는 열심히 하는 것 같은데, 사람들이, 세상이 나를 인정해주지 않는 것 같나요? 저 사람보다 내가 못난 것도 없는 것 같은데, 감투도 성과도 없이 나만 늘 제자리인 것 같은가요? 그런 생각에 빠져 있을 때 공자님의 따끔한 한마디를 전합니다.

"여러분은 나보다 나은가 봅니다. 나는 배우고 익혀서 실력을 다지기에도 시간이 모자란데 말이죠."

군자君子

공자가 말하는 군자는 도덕적인 품성을 갖춘 사람을 말합니다. 군자는 자신의 개인적 이익보다는 타인, 사회, 국가의 이익에 우선 관심을 갖습니다. 이와 대비되는 소인小人은 의리를 돌아보지 않고 개인의 잇속만을 추구하는 사람을 말하지요.

공자는 대외적인 지위가 높고 권력을 가지고 있어도 의리를 돌아보지 않고 자기 잇속만을 챙긴다면 소인배에 불과하다고 여겼습니다.

나,
이런 사람이야!

입사 동기 노 과장은 똘똘해 보이는 외모에 논리정연한 말투로 공적 자리에서든 사적 자리에서든 본인의 의사를 분명히 말하곤 했습니다. 늘 반듯한 정장 차림에 상사에게든 후배에게든 먼저 인사를 건넸고, 다 같이 모인 자리에서는 화제를 이끌어가고자 노력했지요.

미리 변명하자면 노 과장이 나쁜 사람은 아닙니다. 다만, 그가 가진 독특한 화법이 문제였죠.

"이런 프로젝트는 예전에 대기업 다닐 때 다 해본 거라 별 문제 없습니다."

"저한테 배울 거 많다고 따라다니는 후배들 엄청나죠. 월급이 밥값, 술값으로 다 나간다니까요."

"필독서 몇 권으로 엄살은. 저는 신입 때 밤새워가며 천 권은 독파했는걸요."

"집안에 법조인 있으면 든든하죠. 제 와이프가 변호사니까 문제 생기면 언제든 물어보세요."

"제가 멘사 출신이라 그런지 우리 애 아이큐가 엄청 높은 거 같아요. 의사를 시켜야 하나 고민 중이에요."

"헬스장 갔더니 자꾸 20대 아니냐 그래요. 저번엔 대학생인 줄 알았다는 소리까지 들었다니까요."

"어제 저녁 뉴스 봤어요? 우리 작은아버지가 국립대 교수인데 인터뷰 나오셨거든요."

어떤 주제로 대화를 시작해도 자기 자랑으로 마무리 짓는 기묘한 재주. 입사 초기에는 서로 잘 모를 때라 자기PR을 잘하는 사람쯤으로 여기고 맞장구를 쳐주었습니다. 그런데 이런 패턴이 매일 반복되니 그와의 대화에서 피로감이 밀려오더군요.

요즘은 노 과장의 자랑이 시작되면 부서원들 모두 각자의 방식으로 살 길을 찾습니다. 갑자기 화장실이 급해지는 사람, 부장님이 시킨 일을 깜빡한 사람, 딴청을 부리는 사람, 대충 말을 얼버무리는 사람 등등. 직속후배만이 어색하게 웃으며 맞장구를 치고 있고,

오래된 말의 힘

갓 들어온 인턴은 영문도 모른 채 '엄지 척' 하며 그의 이야기를 경청하고 있습니다.

그렇게 시시콜콜 자랑하지 않아도 노 과장이 멋지고 좋은 사람이란 걸 다들 알 수 있을 텐데 말이죠. 나쁜 사람이라기보다 애쓰는 사람이라 그런 게 아닐까 싶습니다. 남들보다 더 잘하고 싶고, 더 인정받고 싶어서 애쓰는 사람 말이죠.

굳이 드러내지
않아도 됩니다.

자금이 공자의 제자 자공에게 물었습니다. "선생님은 어느 나라에 가든 그 나라 정사를 듣게 되는데, 스스로 구하신 건가요? 아니면 다른 사람이 자진해서 알려드린 건가요?" 자공이 말했습니다. "선생님은 온화하고 선량하고 공손하고 검소하고 겸손했기 때문에 듣게 된 것이지요. 선생님이 구하는 방법은 아마도 다른 사람들과 다르지 않겠습니까?"

《논어》, 〈학이 10〉

"노나라 대부 맹지반은 자신의 공로를 자랑하지 않았습니다. 부대가 후퇴할 때 엄호하기 위해 뒤에 남아 싸우다가, 성문에 들어갈 무렵 자기 말을 채찍질하면서 '내가 일부러 뒤에 선 것이 아니라 말이 빨리 달리지 않았기 때문이다'라고 말했습니다."

《논어》, 〈옹야 14〉

제자 자장이 물었습니다. "선비는 어떠해야 통달했다고 말할 수 있습니까?" 선생님이 말씀했습니다. "자네가 말하는 통달의 뜻이 무엇입니까?" 자장이 대답했습니다. "나랏일에서도 반드시 이름이 알려지고, 집안의 일에서도 거침이 없는 것입니다."

선생님이 말씀했습니다. "그것은 그저 소문난 것이지 통달한 것이 아닙니다. 통달이란 본바탕이 곧고 의로움을 좋아하며, 남의 말을 잘 살피고 얼굴빛을 헤아리며, 사려 깊게 남들에게 자신을 낮추는 것입니다. 그러면 나랏일에서도 반드시 통달하고, 집안의 일에서도 반드시 통달하게 됩니다. 이름이 알려진다는 것은 얼굴빛은 인자하나 행실은 그와 다르고, 그렇게 살아가면서도 스스로 의심하지 않는 것입니다. 이런 사람이라도 나랏일에서 반드시 소문은 나고, 가문에서도 반드시 이름은 나게 됩니다."

《논어》, 〈안연 20〉

"높고 크십니다! 순임금과 우임금은 천하를 가졌으나 몸소 그것을 구하지 않았습니다."

《논어》, 〈태백 18〉

'빈 수레가 요란하다'는 속담이 있습니다. 실속 없는 사람이 겉으로 더 떠드는 모습을 비유한 말이죠. TV 광고, 광고성 기사, DM, 전단지, 현란한 간판, 심지어 개인 SNS 계정만 열어도 쏟아지는 광고와 홍보 속에 사는 요즘, 그중에서 '빈 수레'를 구별해내는 일이 말처럼 쉽지만은 않습니다.

'맛집' 블로그에 낚여 찾아간 식당에서 낭패 본 기억, 다들 한 번쯤은 있을 겁니다. 저도 예전에는 낯선 곳을 여행하기 전 블로그를 뒤져 맛집 리스트를 뽑아가곤 했습니다. 그런데 여행객들로 바글바글한 식당에 앉아 왜 맛집인지 의구심 드는 맛, 그에 비해 비싼 가격, 불친절한 서비스, 줄선 여행객들의 눈치를 보게 되는 불안함을 여러 차례 겪은 뒤로는 광고, 홍보가 과한 식당을 피해 다니는 습성이 생겼습니다.

요즘은 여행, 출장 경험이 많은 지인에게 물어보거나 현지에서 만난 택시 기사님, 숙소 사장님 등 그 동네에 오래 거주한 분들에게 팁을 얻곤 합니다. 딱히 물어볼 사람이 없을 땐 주변을 어슬렁거리다 외관은 좀 허름해도 현지인으로 추정되는 사람들이 많이 드나드는 식당으로 들어가지요. 이런 곳들은 대부분 평균 이상의 만족도를 선사합니다. 국내, 해외 예외 없이 말이죠.

개인이든 회사든 물건이든 처음 몇 번은 관심을 끄는 말이나 활동으로 사람들을 모을 수 있습니다. 하지만 시간이 흘러 경험이 쌓이면 사람들은 알게 됩니다. 실속이 있는지 없는지 말이죠.

오래된 말의 힘

공자가 제자 자장과 '통달'에 대해 나눈 대화를 보면 실속이 있든 없든 이름은 얼마든지 알려질 수 있다는 대목이 나옵니다. 다만, 전자는 내실이 갖추어져 자연스럽게 알려진 것이므로 '통달했다'고 말할 수 있으나 후자는 내실 없이 알려진 것이므로 거짓이나 위선에 불과하게 되지요. 이름이 알려지는 것에만 관심을 두고 있는 자장에게 내실부터 다져야 한다고 일러주신 겁니다.

공자는 출생 신분이 천하고 집안이 가난해 창고지기, 축사지기를 하며 자랐습니다. 이런 공자를 사람들은 왜 따랐던 걸까요? 덕을 갖춘 인품, 평소의 올곧은 언행이 입소문을 타면서 사람들이 하나둘 모여들게 된 거죠. 곁에서 오랜 시간 지켜보아도 소문 그대로 한결 같았기에 사람들이 떠나지 않고 머물렀던 거고요.

그렇게 모인 출중한 제자들이 공자의 문하에서 가르침을 이어갔습니다. 여러 나라 책임자들도 공자를 만나면 나라 사정을 털어놓고 평소 궁금하거나 어려웠던 점을 질문하게 됐지요. 공자는 이름을 알리려고 사람들에게 구하러 다닌 게 아니라 내실을 갖춰 자연스럽게 사람들의 구함을 받았던 겁니다.

공자가 존경했던 요임금, 순임금, 우임금이 그랬습니다. 권력과 부를 가지려 애썼던 게 아니라 평소 쌓은 인격과 실력으로 사람들의 추천을 받아 자손이 아닌데도 왕위를 물려받았지요. 높은 자리에 올라서도 자신의 공을 드러내거나 위신을 세우는 데 급급하지 않았습니다. 평소 생활은 검소했고 자신의 본분인 백성을 잘 살게 하는 일에만 몰두했습니다. 그러니 주변에 늘 인재들이 모이고 백성들의 만족도는 높아질 수밖에 없었죠.

내면이 단단하고 내실을 갖춘 사람들은 굳이 자신의 공로를 내세우거나 명성을 드러내려 애쓰지 않습니다. 자신이 처한 위치에서 스스로를 갈고닦으며 맡은 역할에 충실할 뿐이죠. 반대로 자신의 위치에 불안함을 느끼거나 스스로에 대한 확신이 부족한 사람들은 그런 약점을 감추거나 회피하기 위해 오히려 더 크게 과시하거나 자랑하는 모습을 보이게 됩니다. 그래서 공자는 본래의 목적을 잃고 이름 얻기에만 급급해질 때 거짓이나 위선이 아닌지 스스로 살필 줄 알아야 한다고 당부했던 겁니다.

> "내실을 갖추는 일에 힘쓰고 있나요? 그렇다면 사람들이 알아주든 알아주지 않든, 신경 쓰지 마세요. 언젠가 스스로 빛날 테니까요."

요임금, 순임금, 우임금
고대 중국의 제왕으로 태평성대를 이룬 성인으로 추대받고 있습니다. 우임금은 중국 하나라의 시조이기도 하죠. 요임금은 효행과 인덕이 뛰어난 순임금에게, 순임금은 홍수를 다스린 우임금에게 왕위를 물려주었습니다. 이렇게 왕위를 자손에게 물려주지 않고 덕을 갖춘 훌륭한 인물을 찾아 물려주는 것을 선양禪讓이라 하지요.

공자는 순임금과 우임금이 평소 쌓은 공덕으로 왕위를 선양받게 된 점, 왕위에 있으면서도 지위나 부귀영화를 즐긴 게 아니라 나라를 잘 다스릴 방법에만 몰두하여 태평성대를 이룬 점을 높이 평가했습니다. 자리가 아닌 그 자리에서 해야 하는 일에 목적을 두었기에 왕으로서 얻게 되는 부귀영화에 집착하지 않고 나라를 더 잘 다스릴 수 있는 사람을 찾아 왕위를 물려주는 일도 가능했던 거죠.

내가 뭐
틀린 말 했나?

갑자기 호출을 받고 본부장실을 찾아갔습니다.

　"다른 건 아니고, C 주임 잘 알지? 같이 일해본 적 있나?"
　"네, 알죠. 같은 팀에서 일한 적은 없고, 프로젝트 할 때 저희 팀
일 도와준 적은 있어요."

　본부장님은 잠시 내 눈치를 살피더니 말을 이어갔습니다.

　"에이, 돌리지 말고 그냥 말해야겠다. C 주임 좀 데려가서 일하
지? 노 팀장하고 트러블이 계속 나서 말이야. C 주임이 입사한 지

오래 돼서 신규팀장 좀 도우라고 붙여놨는데, 사사건건 시비를 따지니까 노 팀장 스트레스가 이만저만이 아니야. 그 사람도 자기 일하는 방식이 있을 거잖아. 그 사람이 웬만하면 화 잘 안 내는 성격인데 얼마 전에 크게 싸워서 C 주임도 입장이 좀 불편하게 됐어."

"쉬운 성격이 아닌 건 맞는데, 똘똘한 친구라 설명 좀 해주면 이해는 했을 텐데요? 팀장이랑 삐걱대는 거 티 나긴 하더라고요."

본부장님은 이때다 싶었는지 환하게 웃으며 말했습니다.

"그렇지? 오 팀장도 한 성격 하니까 데려가서 말 안 들으면 야단도 좀 치고, 똘똘하게 일 잘하게 만들어봐요. 오케이 한 걸로 알고 C 주임 면담해서 팀 옮길게요."

남 일 같지 않아서 수락은 했지만, 씁쓸한 기분으로 본부장실을 나왔습니다. 본부장님 말대로 여전히 '한 성격' 하고는 있지만, 회사를 옮기고, 경력을 쌓고, 직책을 맡으면서 '조화롭게' 일하기 위해 많이 유순해진 건데 말입니다.

회사생활 초기 저를 돌아보면 스스로도 '쌈닭'이라고 표현할 만큼 업무 내용이나 절차의 옳고 그름에 민감하게 반응했습니다. 공정하고 합리적이고 효과적으로 일하는 데 부족하거나 방해가 되는 업무와 사람에 대해 시비를 따져 묻곤 했죠. 그래서 납득이 되면 일하고, 그렇지 않으면 끝까지 따져 물었습니다. 그 과정에서 야단맞고, 싸우고, 불편해지는 일련의 과정을 거치면서 그나마 '한 성격'으로 순화된 회사원으로 생활할 수 있게 된 거였죠.

그래서 남 일 같지 않았고, 그래서 우리 팀 소속이 된 C 주임에게 조금 더 신경을 썼습니다. 바쁘더라도 착수 전에 업무 배경을 자세히 설명하고, 역량이 조금 부족하더라도 가급적 자율적으로 일할 수 있도록 배려했습니다. 날이 선 질문이나 불평에는 저 역시도 상처 받고 짜증 날 때가 있었지만, 티 내지 않고 태연하게 답하거나 맞장구를 쳐주었습니다. 그 덕에 뒤늦게 저도 깨달은 바가 컸습니다. 쌈닭인 나를 알아봐주고 이끌어준 선배와 상사의 고마움을 말이죠.

그렇게 순조롭게 반년이 흐르고 인사고과 시즌이 왔습니다. C 주임은 중간에 합류했지만 업무 파악이 빠르고 기획 아이디어도 참신해 팀 평가까지는 비교적 좋은 점수를 받았습니다. 그런데 이후 전달받은 최종 평가 결과를 보니 점수가 낮아 성과급을 받지 못하는 상황이 되었습니다.

혹시 집계가 잘못됐나 싶어 알아보니 집계는 정확했습니다. 부서장 평가에서 현저하게 낮은 점수를 받았기 때문이었죠. 소통, 업무협력, 태도 측면에서 특히나 좋지 않은 피드백을 받았습니다. C 주임을 제외한 팀원들 모두 성과급을 조금씩이라도 받아가는 상황이라 난감했습니다.

　　　　　　　　　　　　　　　오래된 말의 힘

결정된 내년 연봉이 개별 통보된 이후 C 주임과 어떻게 면담을 해야 할까요? 내년만 참고 버텨서 보란 듯이 진가를 보여주라고 해야 할까요, 아니면 너의 진가를 알아봐주는 곳을 찾아가라고 해야 할까요?

물러나고 피하는 것도
지혜입니다.

제자 자유가 말했습니다. "임금을 섬길 때 자주 직언하면 치욕을 당하게 됩니다. 친구 사이에도 계속 충고하면 사이가 멀어지게 됩니다."

《논어》, 〈이인 26〉

제자 자공이 친구에 대해 묻자 선생님이 말씀했습니다. "진실한 마음으로 조언하고, 좋은 방향으로 이끌어야 합니다. 그러나 친구가 따르지 않으면 중지해서 스스로를 욕보이지는 말아야 합니다."

《논어》, 〈안연 23〉

"나라에 도가 있으면 말과 행동을 엄정하게 하고, 나라에 도가 없으면 행동은 엄정하게 하되 말은 공손하게 해야 합니다."

《논어》, 〈헌문 4〉

오래된 말의 힘

"강직하군요, 위나라 대부 사어는! 나라에 도가 있을 때 화살처럼 곧았고, 도가 없을 때도 화살처럼 곧았습니다. 군자답군요, 위나라 대부 거백옥은! 나라에 도가 있으면 일하고, 도가 없으면 물러나 숨었습니다."

《논어》, 〈위령공 7〉

옳고 그른 것에 대해 자신이 생각하는 바를 거리낌 없이 말하는 것을 '직언'이라고 합니다. 공자는 윗사람이든 친구든 올바른 선택을 하지 못할 때 직언하는 것이 맞다고 생각했습니다. 하지만 상대방이 받아들이지 않는데도 직언을 반복하다가 자신에게 화가 미치게 하는 상황은 피할 줄 알아야 현명하다고 말합니다.

공자가 살던 춘추시대는 중국이 여러 작은 나라들로 쪼개져 서로 패권을 잡으려고 다투던 혼란기였습니다. 위정자들은 전쟁에서 이기고, 영토를 넓히고, 부유한 나라를 만드는 데 필요한 인재들을 여기저기서 등용하곤 했지요. 그러나 행동이 강직하고 직언하기를 주저하지 않던 인재들이 군주의 눈 밖에 나 죽고 다치는 경우가 많았습니다. 그렇게 뜻도 제대로 펼쳐보지 못하고 허무하게 사라져가는 사람들을 지켜본 공자는 안타까운 마음이 들었습니다. 그래서 도가 없는 곳에서는 말을 가리고, 몸을 낮추고, 머물지 말라고 주의를 준 거죠.

요즘 같은 세상에 직언을 한다고 예전처럼 죽거나 몸이 다치는 일은 드물겠지요. 하지만 좋은 인재들이 소신껏 일하며 바른 소리를 하다가 조직을 떠나는 사례를 쉽게 찾아볼 수 있습니다. 싸우다 지치거나 불편해진 상황이 스트레스가 되어 스스로 퇴사하는 경우도 있지만, 인사고과나 인사이동 등 불이익을 받아 마음을 다치거나 손해를 보고 나오는 경우도 많지요.

그렇게 떠나가는 상사, 동료, 후배를 볼 때마다 부당하니 맞서 싸워야 한다고 생각했습니다. 그런데 《논어》에서 이 대목을 읽고 뒤통수를 얻어맞은 기분이었습니다. 공자라면 당연히 "그래, 정의를 위해 해야 할 말은 당당히 하고 장렬히 전사해야지!"라고 말씀할 줄 알았거든요. 그런데 흥분해서 씩씩거리고 있는 제 어깨를 도닥이며 차분하고 냉정하게 현실적인 말씀을 전해주신 겁니다. 말할 때와 말하지 말아야 할 때를 구분할 줄 알아야 한다고요.

이 조언을 미리 알았더라면 쌈닭처럼 무작정 들이받지 않았을 여러 장면들이 스쳐 지나갔습니다. 회사만이 아니었죠. 집에서도, 친구와의 관계에서도 옳고 그름을 칼같이 따져 묻던 수많은 장면들…… 물론 내 의견이 받아들여져서 문제가 해결된 경우도 있습니다. 하지만 그 반대의 경우도 많았죠. 좋아하던 일을 그만두어야 했고, 갑자기 지방으로 발령을 받았고, 동료 직원을 여럿 울렸고, 서서히 멀어진 친구들도 있습니다.

오래된 말의 힘

내가 맡은 역할에 충실했을 뿐인데. 좀 더 나은 성과를 만들어보자고 그런 건데. 너한테 도움이 될 거라고 생각했는데. 소신껏 말하고 행동하는 것이 죄가 됩니까? 나의 강직한 원칙과 소신을 몰라주는 사람들이 원망스러운 당신에게 공자가 어깨를 도닥이며 말해주실 겁니다.

"드러낼 때와 숨길 때를 구분할 줄 알아야, 나의 소신과 원칙도 지켜낼 수 있습니다."

도道

공자가 말하는 도는 명상이나 수행을 통해 알게 되는 추상적인 개념이 아닙니다. 오히려 사회에 질서가 있다, 정의가 실현되어 있다, 법과 원칙이 제 기능을 한다 등 구체적이고 현실적인 모습이지요.

공자가 꿈꿨던 '도가 서 있는(有道) 사회'는 법과 규정이 공평하게 만들어지고, 제정된 법과 규정은 공평하게 집행되고, 원칙과 상식이 통하고, 편법과 반칙은 통하지 않는 이상적인 사회였습니다.

편한 건 내 거,
힘든 건 네 거

H 씨와 I 씨는 동갑내기입니다. 성별도 같고 학력도, 경력 연수도 비슷하고, 홍보부에서 똑같이 행사기획과 진행 업무를 담당하고 있지요. 다만 H 씨는 정규직이라 대리 직급을 달았고, 정규직 연봉체계를 적용받았습니다. I 씨는 계약직이라 사원으로 분류됐고, 정규직 연봉보다 낮게 책정된 계약직 연봉체계를 적용받았죠.

H 대리는 우리 회사에 신입으로 입사해 다른 부서에서 일하다가 작년에 홍보부로 발령받아 관련 업무를 시작했습니다. I 씨는 홍보대행사에 근무하며 여러 회사의 행사를 기획하고 운영한 경험을 가지고 있었죠. 그 경력을 인정해 경력직 계약직으로 채용했던 거고요.

대외적으로 큰 행사가 많아 H 대리와 I 씨가 함께 일해야 하는 경우가 많았습니다. 회의하고 기획안 쓰고 외부업체 섭외하고 행사현장 점검하고 참석자 확인하고 보도자료 작성하는 등 해야 할 일이 산더미 같았죠. 그런데 늘 마지막까지 남아 일하는 사람은 I 씨였습니다.

"I 씨, 집에 안 가고 뭐해요?"
"아, 기획서 때문에…… 먼저 가세요."
"기획서요? 그거 H 대리가 쓰는 거 아니에요?"
"아, 같이 회의했는데 제가 먼저 초안 잡아서 대리님 보여드리기로 했거든요."
"그거 내일해도 될 텐데…… 뭐, 알았어요. 먼저 갈게요. 얼른 퇴근하세요."

일과 시간에도 제일 분주한 사람은 I 씨였습니다. 자료를 출력하는 것도, 보고서에 라벨지를 붙이는 것도, 회의장을 세팅하는 것도, 우체국에 다녀오는 것도, 참석자에게 전화를 돌리고 메일을 발송하고 외부 출장이나 현장 점검을 나가는 것도, 하다못해 회의 때 필요한 다과를 사러 가는 일까지. 손이 많이 가거나, 중요한 일이지만 다소 귀찮거나, 사소하고 피곤한 일들은 어느새 모두 I 씨의 몫이 되어 있었습니다.

그리고 I 씨가 야근하며 초안을 작성한 기획서에는 기안자로 H 대리의 서명이 버젓이 들어가 있었죠. 행사장을 이리저리 뛰어다니며 애쓴 I 씨의 이름은 연말 성과급 지급명단에도 내년 승진대상자 명단에도 포함돼 있지 않았습니다. 회사의 계약 연장 요청에 I 씨가 응하지 않은 것은 어쩌면 당연한 일일지도 모릅니다.

오래된 말의 힘

내가 싫은 건
남도 싫습니다.

"백성을 명령으로 이끌고 형벌로 다스리면 벌 받는 것을 피하려 할 뿐, 부끄러운 마음을 갖지 않습니다. 덕으로 이끌고 예로 다스리면 부끄러운 마음으로 잘못을 바로잡게 됩니다."

《논어》, 〈위정 3〉

제자 자공이 말했습니다. "만일 백성에게 널리 베풀고 많은 사람을 구제할 수 있다면 어떤가요? 어질다 할 수 있을까요?"

선생님이 말씀했습니다. "어찌 어질다고만 하겠습니까? 반드시 성인일 것입니다. 요임금과 순임금도 그렇게 하기 어려워했습니다. 어진 사람은 자신이 서고자 할 때 남을 세워주고, 자신이 이루고자 할 때 남을 이루게 해줍니다. 자신의 처지에 비추어 남의 처지를 이해하는 것이 어짊을 실천하는 방법입니다."

《논어》, 〈옹야 29〉

제자 중궁이 어짊에 대해 묻자 선생님이 말씀했습니다. "문 밖에 나가면 귀한 손님을 맞이하듯 하고, 백성을 다스릴 때는 큰 제사를 받들 듯이 하며, 자신이 원하지 않는 일을 남에게 하지 마십시오. 그러면 나라 안에서도 원망하는 사람이 없고, 집안에서도 원망하는 사람이 없을 것입니다."

《논어》, 〈안연 2〉

"군자는 남의 장점은 이루어주고, 단점은 이루어지지 않도록 합니다. 소인은 이와 반대입니다."

《논어》, 〈안연 16〉

"자신을 엄격하게 꾸짖고, 남을 적게 꾸짖는다면 원성이 멀어질 것입니다."

《논어》, 〈위령공 15〉

"군자는 잘못의 원인을 자신에게서 찾고, 소인은 남에게서 찾습니다."

《논어》, 〈위령공 21〉

오래된 말의 힘

제자 자공이 물었습니다. "평생 실천할 만한 말 한마디가 있습니까?" 선생님이 말씀했습니다. "서恕가 아닐까요? 자신이 원하지 않는 일은 남에게도 하지 말아야 합니다."

《논어》, 〈위령공 24〉

공자는 하나의 원리로 모든 것을 꿰고 있다고 말했습니다(이인 15). 그 원리는 바로 충忠과 서恕였죠. 자신의 마음과 정성을 다해 충실히 임하는 자세, 그리고 타인의 마음을 자신의 마음처럼 헤아리는 자세. 그중에서도 하나만 꼽아달라는 제자 자공의 말에 공자는 한 치의 망설임도 없이 서를 꼽습니다.

자신이 원하지 않는 일을 남에게도 하지 않는 것. 여기서부터 어진 마음仁도 시작되고, 올바른 세상의 도리道도 시작됩니다. 제자 자공이 세상을 구하고 사람들을 이롭게 하겠다는 큰 비전을 내세우자, 공자는 그런 일은 성인의 경지에 이른 사람들도 하기 어렵다고 이야기합니다. 그보다 먼저 자신의 일상 속에서 작은 것부터 실천할 수 있어야 한다고 생각했죠. 그래서 타인의 처지에 공감하고 타인을 먼저 배려하는 자세부터 몸에 배어야 한다고 당부했던 겁니다.

작은 것, 가까운 곳부터 바로잡아 큰 것, 먼 곳까지 뜻을 펼쳐가는 공자의 현실교육이 드러나는 대목이죠. 수신제가치국평천하修身齊家治國平天下, 먼저 몸과 마음을 닦아 수양하여 집안을 안정시킨 후에 나라를 다스리고 천하를 평정하는 것. 유가에서 강조하는 올바른 배움의 길은 이렇게 가까운 현실 속 작은 일에서부터 시작합니다.

이러한 가르침은 공자가 사람의 속성을 꿰뚫고 있었기에 가능했던 게 아닐까요. 때때로 사람은 아이러니한 모습을 보이곤 합니다. 지구 반대편 헐벗은 아프리카 아이들 소식에 마음 아파하다가도, 버스 앞자리에 앉은 아이가 시끄럽게 울면 짜증이 확 올라오지요. 인류 복지와 삶의 질 향상에 기여하겠다는 사장님 중에 직원 복지나 처우에는 인색하게 구는 경우도 많습니다. 왜 그런 걸까요?

자신의 이익과 손해에 민감하게 반응하기 때문이죠. 보통 직접적인 이해관계가 없는 사람이나 보편적인 가치에는 공감하고 동조하기가 쉽습니다. 그러나 직접적인 이해관계에 얽히는 순간 이익을 취하고 손해를 피하려는 성향이 두드러지게 되죠.

물론 평소 도덕적인 품성을 갈고닦은 군자라면 이럴 때 개인의 이익보다 타인, 사회, 국가의 이익에 먼저 관심을 두게 될 겁니다. 그래서 자신이 서고자 하는 자리에 남을 세워주고, 자신이 이루고 싶은 일을 남도 이룰 수 있게 돕는 일이 가능한 거죠. 상대를 찬찬히 살펴 장점을 살려주고 단점은 보완해주며, 좋은 자리나 기회가 있다면 추천해줄 수도 있는 거고요. 일이 잘못되더라도 남이 아닌 자신에게 먼저 책임을 묻고, 스스로에게는 엄격하되 남에게는 너

오래된 말의 힘

그러울 수 있는 겁니다.

공자는 이런 진정성이 일상에 녹아 있기를 바랐습니다. 그러나 이런 일을 생활화하는 것이 무척이나 어렵다는 사실도 알고 있었죠. 사람들은 가까운 현실 속 작은 일일수록 자신에게 미치는 이익이나 손해를 크게 체감하니까요. 그래서 매일 꾸준히 상대의 입장에서 생각하는 연습이 필요합니다. 지금 이 상황에서 내가 아들이나 딸이라면 어떤 기분이 들까? 내가 남편 혹은 아내라면 어떤 느낌일까? 내가 상사나 후배라면 어떤 생각이 들까? 등등.

이때 한 가지 유의할 점이 있습니다. 공자는 '내가 원하지 않는 일을 남에게도 하지 말라'고 말씀했지요. 이 말은 '내가 원하는 대로 남에게 해주라'는 말과는 다소 차이가 있습니다. 사람마다 가치관, 선호, 라이프스타일이 다르기 때문에 자신이 좋다고 생각하거나 원하는 일이라 해서 무작정 권유하거나 강요해서는 안 됩니다. 이럴 때 적절한 접근법은 동일한 상황에 자신을 놓아보는 거겠죠. 누군가 나에게 가치관, 선호, 라이프스타일을 무작정 강요한다면 기분이 어떨까 하고요.

"어진 사람은 타인의 마음을 자신의 마음처럼 헤아려 배려할 줄 압니다."

예禮

예는 공경, 사양, 겸손을 바탕으로 몸과 마음을 단속하는 일입니다. 여기에는 관혼상제冠婚喪祭부터 음식, 의복, 몸가짐, 이웃과의 교제 등 일상생활에 필요한 예의 규범이 포함돼 있지요. 공자는 개인의 인격을 완성하고, 화평하고 질서 있는 사회를 만드는 데 예가 필요하다고 생각했습니다. 다만 그 근본은 반드시 어진 덕성에 두어야 형식을 갖춘 진정한 의미가 퇴색되지 않는다고 여겼지요. 그래서 예라는 형식은 어짊이라는 본질을 구현해야 비로소 의미를 갖는다고 강조하곤 했습니다. "사람이 어질지 않으면 예절이 무슨 소용 있습니까? 사람이 어질지 않으면 음악이 무슨 소용 있습니까?"《논어》〈팔일 3〉

오래된 말의 힘

겨우 이런 걸로
상처 받는다고?

"왜 또 울리고 그래. 살살 좀 하지."

"울리긴 뭘 울려. 자기 성질 못 이겨서 그렇지. 요즘 직원들은 정신상태가 글러먹었어. 조금만 뭐라고 하면 기분 나쁜 티나 내고."

"조금만 뭐라고 하진 않잖아. 옆에서 듣다 보면 부하가 아니라 동기로 만나게 해주셔서 감사하다는 기도가 절로 나오니까."

"자네처럼 알아서 일하는 사람이면 뭐라고 하지도 않지. 못 따라오니까 채찍질하는 거지. 다 잘되라고 그러는 건데 이성적으로 생각 못 하고 감정이나 앞세우고. 한심하다니까."

노 팀장은 회사 내에서 소위 '능력자'로 불렸지요. 입사 당시 명문대 출신에 입사시험 최고득점자로 관리자들의 기대를 한 몸에 받으며 가장 잘나간다는 기획실에 배정받았습니다. 혹독한 기획실 분위기 속에서 몇 년간 매일같이 야근하고 현장을 뛰어다니며 독하게 버텼지요. 담당하는 업무마다 고성과를 경신하니 인사평가 최고득점에 초고속 승진은 맡아놓은 거나 다름이 없었습니다.

임원들의 신임이 돈독해 회사 성장에 필요한 프로젝트, 문제 개선이 필요한 계열사에는 대부분 노 팀장이 실무 책임자로 배정되곤 했지요. 그곳에 합류하게 된 직원들은 회사의 중요한 임무에 동참하는 것 같아 덩달아 어깨가 으쓱해졌습니다. 하지만 한 달도 못 돼 뿌듯함의 대가로 무엇을 감내해야 하는지 깨닫게 되지요.

"여태 이런 식으로 일하고 월급 받았어요? 대리가 신입사원만큼도 일 못하면 직급이 무슨 소용 있어요?"

"내가 OO 씨한테 기대가 너무 컸나? 아무리 신입이지만 기초적인 보고서도 제대로 작성 못하면 어떡하지?"

"지시한 내용을 이해 못 했으면 물어보고 하든가. 야근은 뭐 하러 했어요? 다시 다 엎어야 되는데."

"이해가 안 돼. 왜 스스로 판단이 안 되지? 이런 상태로 보고하면 창피하지 않아요?"

확실한 건, 노 팀장 밑에서 몇 년만 버티면 '일하는 방법' 하나

오래된 말의 힘

는 제대로 배울 수 있다는 점이었죠. 하지만 일이 아직 서툴다는 이유로, 일하는 방식이 다르다는 이유로 인신공격에 가까운 지적을 받는 직원들의 스트레스와 마음의 상처는 클 수밖에 없었습니다. '내가 모자란 사람 같다'며 울면서 그만두는 직원, '많이 배웠지만 다시는 같이 일하기 싫다'는 직원들을 노 팀장은 나약하다며 무시했습니다. '그런 정신상태로는 어디를 가서도 성공 못 한다'면서요.

지식을 넘어 사람됨을
쌓아야 합니다.

"군자는 일정한 용도에만 쓰이는 그릇이 아닙니다."

《논어》, 〈위정 12〉

선생님이 말씀했습니다. "증자여, 나의 도는 하나의 원리로 모든 것을 꿰고 있습니다." 제자 증자가 말했습니다. "네, 그렇습니다." 선생님이 나간 뒤 제자들이 물었습니다. "무슨 뜻입니까?" 증자가 말했습니다. "선생님의 도는 충서뿐입니다."

《논어》, 〈이인 15〉

노나라 임금 애공이 물었습니다. "제자 가운데 누가 배우기를 좋아합니까?" 공자님이 대답했습니다. "안회가 배우기를 좋아하여 화가 나도 남에게 풀지 않았고, 같은 잘못을 되풀이하지 않았습니다. 불행히도 일찍 죽었습니다. 지금은 그가 없으니 배우기 좋아하는 사람에 대해 듣지 못했습니다."

《논어》, 〈옹야 2〉

오래된 말의 힘

"내가 아는 것이 있겠습니까? 나는 아는 것이 없습니다. 어떤 비루한 사람이 무식하게 나에게 물어 와도, 질문의 앞뒤 측면을 고려해 성의를 다해 알려주는 것입니다."

《논어》, 〈자한 7〉

"군자는 의로움을 바탕으로 삼고, 예의를 갖춰 행동하며, 겸손하게 표현하고, 신뢰로 완성하니, 이런 사람이 군자입니다."

《논어》, 〈위령공 18〉

"일을 맡을 만한 지식이 있어도 어질지 못하면 일을 맡더라도 반드시 잃게 됩니다. 지식이 있고 어질지라도 엄격한 태도로 임하지 않으면 백성들이 공경하지 않습니다. 지식이 있고 어질고 엄격한 태도로 임하더라도 행동을 예에 맞게 하지 않으면 그 일을 맡기에 충분하지 않습니다."

《논어》, 〈위령공 33〉

"군자는 작은 일은 알지 못하나 큰일을 맡을 수 있고, 소인은 큰일은 맡을 수 없으나 작은 일은 알 수 있습니다."

《논어》, 〈위령공 34〉

우리는 보통 공부를 잘하면 칭찬합니다. 공부를 많이 하면 똑똑하다고 생각하고요. 그래서 우등생, 명문대생, 석박사, 전문직, 대기업 출신이 사회적으로 대우를 받습니다. 요즘 말하는 공부는 이렇게 좋은 직업을 갖고 많은 돈을 벌고 안정적인 사회적 지위를 얻기 위해 해야 하는 일이 되었습니다. 전문지식을 쌓는 것에 한정돼 있죠.

그런데 공자가 말하는 공부는 좀 다릅니다. 누가 배우기 좋아하냐는 질문에 안연이라는 제자의 사례를 들어 이렇게 이야기합니다. 자기가 화난다고 남에게 풀지 않고, 한 번 잘못한 일은 또다시 되풀이하지 않으려 노력한다고요. 그런 안연이야말로 공부를 좋아하고 공부를 잘하는 우등생이었던 겁니다.

'우리 선생님은 많이 공부해서 모르는 게 없는 똑똑한 사람'이라고 여기는 제자들에게도 공자는 지식이 아닌 사람됨을 이야기합니다. 자신은 여러 지식에 통달한 사람이 아니라 세상의 이치를 일관되게 지키려고 노력하는 사람이라는 거죠.

그 근본 이치가 바로 어짊이고, 내면에 쌓인 어짊이 밖으로 드러나는 모습이 충과 서입니다. 나 자신과 타인을 충실하게 섬기고, 타인의 입장을 내 입장처럼 헤아리는 마음과 행동. 공자가 매일 배우고 익히라고 강조한 공부는 바로 '사람다운 사람'이 되는 공부였습니다.

인격을 갖추기 위한 공부는 지식을 쌓는 공부보다 훨씬 더 어렵습니다. 모범이 될 만한 선배들의 말과 행적을 공부하고, 그에 비추어 스스로를 되돌아보며 반성하고, 자신이 모범이 될 수 있도록 평소 말과 행동을 조심해야 합니다. 그저 좋은 사람이 되기 위해 이런 공부를 하는 건 아닙니다. 지식에 앞서 인격을 갖춰야 어떤 상황에 처해도, 어떤 사람을 만나도 올바른 원칙을 지키며 현명하게 대처해나갈 수 있기 때문에 배우는 거죠.

아무리 뛰어난 지식을 가지고 있어도 어질지 못하고, 맡은 일에 원칙을 가지고 충실히 임하지 못하고, 사람들에게 예의 바르고 겸손하게 행동하지 못하고, 그래서 결국 믿음을 주지 못한다면 어떤 일에서도 어떤 관계에서도 온전히 성공할 수 없습니다. 이것이 사람들과 더불어 사는 세상살이의 이치이고, 공자는 이런 실리적인 관점에서 제자들에게 지적으로 뛰어난 사람보다 인격적으로 훌륭한 사람이 먼저 돼야 한다고 가르쳤던 겁니다.

요즘 세상살이에서도 마찬가지입니다. 지식이 많고 똑똑한 사람인데 같이 일하거나 같이 어울리기 싫은 사람들이 있습니다. 자기 중심적이고 타인에 대한 이해나 배려가 부족해 상처와 스트레스를 주는 경우지요. 돈을 많이 벌고 사회적 지위가 높아졌다고 어깨에 힘이 잔뜩 들어간 채 남들 위에 군림하려 드는 사람도 있습니다. 억지로 대접해줄 순 있지만 진심으로 존중하기는 어려운 경우죠. 이런 태도는 그가 이룬 성취마저도 하찮게 만들어버립니다.

그래서 예전엔 '똑똑하다'는 말이 듣기 좋았는데, 요즘은 '현명하다'는 말이 마음에 더 와 닿습니다. 예전엔 똑똑한 사람들과 어울리는 게 좋았는데, 요즘엔 인품이 훌륭하고 현명하게 행동하는 사람들을 만나고 싶어졌습니다. 그래서 주변을 둘러보니 새삼 똑똑한 사람들이 참 많다는 생각이 들었습니다. 반면, 인품이 훌륭하거나 현명한 사람이라고 여겨지는 사람은 다섯 손가락 안에 꼽겠더라고요. 제가 너무 야박했나요?

물론 그 야박한 기준을 제 자신에게 들이댄다면 저 역시도 자신이 없습니다. 한평생 공부해도 모자라지 않을까 싶습니다. 그래도 공자의 가이드에 따라 매일 꾸준히 스스로를 돌아보며 반성하는 시간을 갖다 보면 지금보다는 조금 더 현명한 내가 되어 있겠죠?

"지식의 양보다 인격의 깊이를 더하는 공부를 좋아해야 합니다."

충서忠恕

'충'은 충실하다는 의미로, 조금의 속임이나 허식 없이 자신의 온 정성을 기울이는 자세를 말합니다. 우리는 보통 '충'을 국가, 임금 등 특정 상대에 대한 자세로만 알고 있는데, 본뜻에는 자기 자신에게 충실해 스스로를 온전히 실현시킨다는 의미도 포함되어 있습니다.

'서'에는 '인정이 많다, 용서하다'라는 의미가 담겨 있습니다. 타인의 마음을 내 마음처럼 헤아리는 자세를 말하지요. 이런 자세를 가지고 있으면 자연스럽게 내가 좋은 것은 타인에게 권하게 되고, 내가 싫은 것은 타인에게 요

오래된 말의 힘

구할 수 없게 됩니다.

공자는 어짊을 실천하는 자세로 '충'과 '서'를 꼽았습니다. 자기 자신을 온전히 실현하는 것이 '충'이고, 그것을 미루어 타인에게까지 이르게 되는 것이 '서'이기 때문이죠. 즉 어짊은 자기 자신에게는 충실함으로, 타인에게는 인정과 용서로 나타나게 되는 것입니다.

원래부터
잘하는 사람이라니

"이번 팀장회의 때 오 주임이 발표해보지?"

"네? 제가요?"

"이 업무 거의 다 오 주임이 진행했잖아."

"제가 말주변도 없고, 부서장님도 들어오시는데 실수라도 하면……."

"실무 아는 사람이 발표하는 게 낫지. 그렇게 알고 준비해요."

팀장님의 갑작스러운 지시에 심란해졌습니다. 사람들 앞에만 서면 심장이 쿵쾅거리고 머리가 새하얘지는 발표불안증 때문이었죠. 학교 다닐 때도 회사에 들어온 후에도 가급적 큰 발표는 피하려 애썼습니다. 평소 말수가 적고 낯을 가리는 편이라 굳이 저를 집어 발표시키는 사람도 없었지요. 잘 못할 게 뻔하니까요. 그런데 이번에는 팀장님 지시니 퇴사할 생각 아니고서는 피할 길이 없었습니다. 부서장님과 다른 팀장님들 앞에 설 생각을 하니 벌써부터 긴장돼 식은땀이 났지요.

급한 마음에 인터넷에서 '프레젠테이션 잘하는 법'을 검색해봤습니다. 발음, 성량, 사용 언어, 제스처, 옷차림부터 효과적인 발표자료 구성까지 챙길 것이 한두 가지가 아니더군요. 이걸 언제 다 익히나 걱정만 더해졌는데, 그나마 작은 희망을 찾을 수 있는 글을 발견했습니다. TED 콘퍼런스에서 명강을 펼치는 사람들의 비결이 수십 번의 리허설에 있다는 내용이었죠. 여러 번 반복하다 보면 말뿐만 아니라 제스처까지도 자연스럽게 외워져서 실수를 고치거나 줄일 수 있다는 겁니다. 다른 건 못해도 이 비결은 당장 따라할 수 있을 것 같았습니다. 그래서 PT 원고를 쓰고, 퇴근 후 집에 와서 거울을 보며 계속 연습했지요. 혼자 하는데도 어찌나 어색하고 부끄럽던지. 연습하면서도 좌절의 연속이었습니다.

드디어 발표 당일. 달달 외운 원고를 한 번 더 머릿속에 떠올리며 잔뜩 긴장한 상태로 회의장에 들어갔습니다. 프로젝트에 대한 팀장님의 간략한 소개에 이어 제 발표가 이어졌습니다. 20분간 발표하면서 제가 무슨 이야기를 했는지 지금은 전혀 기억이 안 납니다. 10분의 질의응답 시간에 답변한 내용만 간간이 떠오를 뿐. 후

들거리는 다리로 회의장에서 먼저 나와 자리로 돌아왔습니다. 눈은 컴퓨터 화면을 들여다보고 있었지만 머리는 멍했지요.

"오 주임 말 잘하던데. 평소에는 조용해서 몰랐네. 수고했어요."
"못한다고 빼더니 하나도 안 떨던데? 고생했어. 이제 우리 팀 발표는 오 주임이 다 하면 되겠다."

회의를 마치고 돌아온 부서장님과 팀장님의 말을 듣고서야 안도가 되면서 울컥하는 마음이 들었지요. 제가 한 고생을 아시면 그런 말씀 못 하실 거라며 하소연이라도 하고 싶은 심정이었습니다.

팀장님은 이후에도 몇 차례 중요한 발표를 저에게 맡겼습니다. 그때마다 남들은 모르는 저만의 연습 강행군이 계속됐지요. 불행인지 다행인지 '발표를 잘하는 사람'이라는 이미지가 생겨 사내강사 추천까지 받게 됐고요.

직급이 오르고 팀장을 맡게 된 지금도 발표와 강의를 위해 사람들 앞에 서면 떨리고 긴장되는 건 마찬가지입니다. 청중이 보기에 하나도 안 떨고 자연스럽게 잘하는 것처럼 보이는 이유는 여전히 수십 번씩 반복하는 연습 덕분이지요. 다행히 요즘은 머릿속이 하애지는 증상에서는 벗어났습니다. 여러 번 해보니 제가 했던 말 정도는 기억이 나더라고요. 시간이 좀 더 지나면 사람들 앞에서 대책 없이 떨리는 증상도 사라지겠지요?

오래된 말의 힘

노력 없는
재능은 없습니다.

"제자 안회는 그 마음이 오래도록 어진 것을 어기지 않습니다. 다른 사람들은 어쩌다 한 번씩 어진 것에 이를 뿐입니다."

《논어》, 〈옹야 6〉

제자 염구가 말했습니다. "선생님의 도를 좋아하지 않는 것은 아니지만, 따르기에는 힘이 부족합니다." 선생님이 말씀했습니다. "힘이 부족한 사람은 노력해보다가 중간에 그만두게 됩니다. 그런데 자네는 해보지도 않고 미리 선을 긋고 있군요."

《논어》, 〈옹야 11〉

"나는 태어나면서부터 아는 사람이 아닙니다. 옛것을 좋아하여 부지런히 옛것을 구하는 사람입니다."

《논어》, 〈술이 19〉

"노나라 시조 주공과 같이 뛰어난 재능을 가지고 있어도,

교만하고 인색하다면 나머지는 볼 것도 없습니다."

《논어》, 〈태백 11〉

"태어나면서부터 아는 사람은 상등입니다. 배워서 아는 사람은 그다음입니다. 곤란에 부딪혀야 배우는 사람은 그 다음입니다. 곤란에 부딪혀도 배우지 않는 사람은 하등이 됩니다."

《논어》, 〈계씨 9〉

"사람의 타고난 본성은 서로 비슷하지만, 습관에 따라 차이가 나게 됩니다."

《논어》, 〈양화 2〉

천재天才, 영재英才, 수재秀才는 재능이 뛰어난 사람을 일컫는 말이죠. 그런데 이들 사이에 미묘한 의미의 차이가 있습니다. 천재와 영재는 선천적으로 타고난 재능이 뛰어난 경우에, 수재는 후천적인 노력으로 뛰어난 재능을 갖추게 된 경우에 주로 쓴다는 점입니다.

그런데 어릴 때는 수도 없이 발견되는 천재, 영재들이 어른이 된 이후 종적을 감추는 이유는 뭘까요? 타고난 재능이 아무리 훌륭해도 성장하는 과정에서 노력을 기울이지 않는다면 쉽게 도태되기 때문입니다. 한편, 타고난 재능을 갖추지 못한 보통 사람도 자아성찰을 통해 자신의 길을 정하고, 그 길에 필요한 재능을 꾸준히 갈고닦으면 수재로 성장할 수 있지요. '부지런한 범재凡才가 부지런하지 못한 천재보다 낫다'는 말, 한 번쯤은 들어보셨을 겁니다.

공자의 문하에도 전국에서 날고뛴다 하는 출중한 재능을 갖춘 제자들이 수두룩했습니다. 덕성이 훌륭한 제자, 언변이 뛰어난 제자, 외교력과 정치력을 갖춘 제자, 학문에 능한 제자 등등. 그들이 자신의 재능을 앞세우고 뽐낼 때마다 공자는 제자들의 부족한 부분이나 제자들이 미처 보지 못한 측면을 조언하여 겸손한 자세로 늘 배우고 익히도록 도왔습니다.

머리도 좋고 재능도 많은 제자 염구가 가르침을 다 실천하기 어렵다며 발뺌하자 노력해보지도 않고 포기하는 자세를 꾸짖습니다. 반면, 묵묵히 배운 것을 실천하는 안회를 제자로서 가장 아꼈습니다. 나이도 어리고 신분도 낮고 바보 같아 보일 정도로 조용한 성격이었지만 배우려는 의지와 배운 것을 흔들림 없이 실천하는 끈기는 제자들 중 안회가 최고였기 때문이죠.

공자는 태어나면서부터 아는 사람, 즉 배우지 않아도 스스로 깨달을 수 있는 사람을 최상이라 여겼지만, 자기 스스로도 그런 사람은 아니라고 말했습니다. 자신도 배워서 아는 사람일 뿐이라고요.

오래된 말의 힘

처음 듣는 것을 묵묵히 기억하고, 꾸준히 탐구하고 익혀서 온전히 내 것으로 만든 후에 다른 사람들에게 전해주는 사람. 이 과정을 싫증내거나 게으름 피우지 않고 매일매일 반복하는 사람. 그래서 스스로를 배우기 좋아하는 사람이라고 말했습니다. 천재보다는 수재에 가까운 모습이 아닐까요?

혹시 주변에 '타고난 것', '이미 가진 것'이 많아 보이는 사람들이 있는지요? 순간적으로 부러운 마음이 드는 것은 인지상정이니 괜찮습니다. 다만 그들이 훌륭한 성품을 갖추고, 원만한 사교성을 기르고, 수려한 언변을 얻고, 일 처리가 깔끔해지고, 경제적인 부를 얻고, 매력적인 스타일과 외모를 만들기까지 남몰래 쏟은 노력과 보이지 않게 겪은 인내의 시간들을 헤아릴 줄 알아야 합니다. 그래야 부러움을 넘어 상대를 제대로 이해할 수 있고, 무언가를 얻기 위한 과정을 이해할 수 있고, 그 과정을 위해 지금 내가 무엇을 시작해야 할지, 어떻게 처신해야 할지 통찰을 얻을 수 있으니까요.

천재성, 영재성, 타고난 것, 이미 가진 것, 이런 것들은 '가능성'만을 나타낼 뿐입니다. 그 가능성을 현실로 만드는 것은 수백 번, 수천 번 반복하는 '배움'입니다. 싫증내거나 게으름 피우지 않고 매일 시도하고 실패하고 작은 성공을 거두면서 온전히 내 것으로 만들어가는 '익힘'의 과정입니다. 남들처럼 타고난 것이 없어서, 가진 것이 없어서 축 처진 당신의 어깨에 공자가 따뜻한 손길을 얹으며 이야기합니다.

"나도 타고난 사람이 아닙니다. 그래서 더 배우려고 애썼지요. 배우고 노력해서 스스로를 변화시키는 사람은 타고난 재능에 머물러 있는 사람을 넘어설 수 있습니다."

옛것(古)
공자가 믿고 좋아하고 배우기 위해 노력하는 '옛것'이란 예나 지금이나 변함없는 보편적인 도리를 뜻합니다.

적합한 자리,
적합한 사람

회사 초창기에 경리, 총무 업무 담당으로 입사했던 F 주임은 사장님 비서 업무를 병행했습니다. 사장님 측근에서 업무를 지원하다 보니 모르는 사람도 모르는 정보도 없었습니다. 다만, 사장님 지원 업무 외의 다른 업무에는 소홀하다는 게 문제였지요.

회사가 급성장해 부문별 경력직이 대거 입사하면서, 업무 처리도 부실하고 기존 경력도 명확하지 않은 F 주임은 자연스럽게 비서 업무만 전담하게 됐습니다. F 주임이 부실하게 정리해둔 회계 장부는 재무 담당 신규직원이 야근하며 몽땅 정리했고, 총무 업무는 손도 안 대서 인수인계할 내용도 없이 관리체계를 새로 다 만들어야 하는 상황이었죠.

인사 개편 시즌이 되자 경영지원팀 팀장은 이때다 싶었는지 F 주임을 다른 부서로 옮기거나 비서실을 따로 만드는 게 낫겠다고 건의했습니다. 새로 온 경력직원들 틈에서 눈치가 보였던 F 주임도 흔쾌히 동의했지요.

"사장님, 저 혼자 비서실 소속인 건 부담스러운데, 인사팀으로 배치해주시면 안 될까요? 인사 업무에 관심도 있고요."

"노 팀장, F 주임을 인사팀으로 옮길까 하는데. 비서만 계속 시키긴 그렇잖아? 처음이라 인사기획이나 관리는 어려울 테고, 교육 업무부터 담당시키면 어때?"

"아, 교육은 G 사원 담당인데요. 내년 승급 대상자라 F 주임이 오면 교육 쪽에 주임이 두 명인데, 그렇게나 인원이 필요할지."

"F 주임이 대리 승급 연차 됐을 거야. 처음이라 서툴 테니 G 사원한테 돕게 하고, 기획이나 관리 쪽 일도 좀 떼어주면서 가르쳐요."

직급은 대리를 달았지만 인사나 교육 관련 업무를 전혀 모르는 F 대리는 인사팀의 짐 같은 존재가 되었습니다. 지시는 F 대리가 받았으나 G 주임이 모든 일을 처리해야 했고, 일부 맡겼던 인사관리 업무 역시 진척이 없어 기존 직원에게 고스란히 넘어왔습니다. 인사평가 결과에 대해 말실수를 하는 바람에 인사팀장이 뒷수습을 하는 웃지 못할 해프닝도 벌어졌습니다.

동료평가, 팀장평가 모두 C등급 이상 나올 수 없는 상황이었죠. 하지만 F 대리의 최종 인사평가 결과는 늘 A. 이후 인사 업무에만 전념하고 싶다는 F 대리의 의지에 따라 비서실이 별도로 생기고 새로운 비서가 뽑혔습니다. 우수한 인사고과 결과 덕에 단기간에 과장으로 초고속 승진했고요. 덕분에 직원들 불만이 쌓이고, 일 잘하는 경력직원들이 퇴사하고, 인사팀장이 교체되는 상황 속에서도 F 과장은 최장기 근속직원으로 자기 자리를 지켰습니다.

오래된 말의 힘

먼저 사람을
알아야 합니다.

노나라 재상 맹무백이 물었습니다. "제자 자로는 어진 사람입니까?" 선생님이 답했습니다. "모르겠습니다." 다시 물으니 선생님이 말씀했습니다. "자로는 천대의 전차가 있는 나라에서 군사업무를 맡을 수 있지만, 어진 사람인지는 모르겠습니다."

"제자 염구는 어떻습니까?" 선생님이 답했습니다. "염구는 천 가구가 있는 마을이나 백대의 전차를 가진 재상의 집에서 총괄 관리자로 일할 수 있지만, 어진 사람인지는 모르겠습니다."

"제자 공서적은 어떻습니까?" 선생님이 답했습니다. "공서적은 관복을 입고 조정에 서서 외국 손님을 접대할 수 있지만, 어진 사람인지는 모르겠습니다."

《논어》, 〈공야장 8〉

제자 자유가 노나라 무성이라는 마을의 책임자로 일했습니다. 선생님이 물었습니다. "자네는 그곳에서 훌륭한 인재를 얻었습니까?" 자유가 대답했습니다. "담대멸명이라는 사람이 있는데, 일할 때 편법을 쓰지 않고, 공적인 업무가 아니면 제 집무실에 오는 일이 없습니다."

《논어》, 〈옹야 13〉

선생님이 제자 안연에게 말씀했습니다. "나라에서 써주면 (도를) 행하고, 써주지 않으면 (도를) 간직하는 일은 오직 나와 자네만이 할 수 있을 것입니다."
곁에 있던 제자 자로가 말했습니다. "선생님이 큰 군대를 지휘한다면 누구와 함께하겠습니까?" 선생님이 말씀했습니다. "맨손으로 호랑이를 잡고 맨발로 강을 건너며 죽어도 후회하지 않는 사람과는 함께하지 않을 것입니다. 일을 앞두고 조심스러워하고, 계획을 잘 세워서 성사시키는 사람과 함께할 것입니다."

《논어》, 〈술이 10〉

제자 자로가 물었습니다. "옳은 것을 들으면 곧장 실행해야 합니까?" 선생님이 말씀했습니다. "부모와 형제가 있는데 어떻게 옳은 것을 들었다고 곧장 실행에 옮길 수 있겠

오래된 말의 힘

습니까?"

제자 염유가 물었습니다. "옳은 것을 들으면 곧장 실행해야 합니까?" 선생님이 말씀했습니다. "들으면 곧장 실행에 옮겨야지요!"

이러한 대화를 듣고 공서화가 물었습니다. "자로와 염유가 똑같이 물었는데 대답이 다르니 의심이 나서 감히 묻습니다." 선생님이 말씀했습니다. "염유는 뒤로 물러나는 성품이라 앞으로 나아가게 이끌었고, 자로는 남을 누르고 앞질러 나가는 성품이라 물러날 줄 알게 한 것입니다."

《논어》, 〈선진 22〉

"군자 밑에서 일하는 것은 쉬우나 기쁘게 하기는 어렵습니다. 도리에 맞지 않으면 기뻐하지 않기 때문입니다. 군자가 사람을 쓸 때는 각자의 그릇에 맞게 씁니다.

소인 밑에서 일하는 것은 어려우나 기쁘게 하기는 쉽습니다. 도리에 맞지 않아도 기뻐하기 때문입니다. 소인이 사람을 쓸 때는 뭐든지 다 해주기를 요구합니다."

《논어》, 〈자로 25〉

> "무위無爲하면서도 천하가 잘 다스려지게 한 사람은 아마도 순임금이 아닐까요? 그분이 무엇을 했겠습니까? 자신의 몸가짐을 공손히 하고, 자신의 자리에 바르게 앉아 있었을 뿐입니다."
>
> 《논어》, 〈위령공 5〉

지인知人은 사람을 알아보는 것입니다. 용인用人은 사람을 쓰는 걸 말하죠. 《논어》에는 사람을 제대로 알아보고, 사람을 제대로 쓰는 일에 대한 이야기가 여러 번 나옵니다. 공자는 자기 수양을 통해 덕을 쌓고, 그 덕을 가정, 이웃, 사회, 국가에 올바르게 펼쳐야 진정으로 어짊을 행한 것이라고 여겼기 때문입니다. 그래서 덕과 능력을 갖춘 적합한 인재를 선발해 적재적소에 배치하는 것을 중요한 문제로 다루고 있지요.

적합한 일에 적합한 사람을 배치하려면 먼저 사람에 대해 잘 알아야 합니다. 개인적인 선호나 관심에 따라 친근하게 알아가는 걸 말하는 게 아니겠죠? 사적인 감정을 넘어 그 사람의 장점과 단점을 객관적으로 파악할 줄 알아야 한다는 의미입니다.

공자는 제자들의 속성을 속속들이 파악하고 있었습니다. 그래서 주변에서 공자에게 인재를 추천해달라고 요청할 때 그 일에 적합한 사람을 꼽아주곤 했죠. 군사업무, 행정관리업무, 외교업무 등 맡을 수 있는 일의 성격뿐만 아니라 감당할 수 있는 일의 규모까지도요. 일에 필요한 능력을 정확히 파악해 객관적인 입장에서 장단점을 알려주었습니다. 다만, 인격이나 사람 자체를 판단하는 일에는 공자도 신중한 모습을 보이며 말을 아꼈습니다. 어진 품성을 갖추고 배우기 좋아하며 깨달음을 더해가는 인격 완성의 길은 아무리 능력자라도 쉽게 이룰 수 없다는 걸 알았기 때문이죠.

가르칠 때도 마찬가지였습니다. 제자들의 특성을 명확히 파악해 그에 적합한 가르침을 전하곤 했지요. 용감하지만 성급한 자로에게는 차분하게 전략을 세우도록 가르쳤고, 화려한 언변을 뽐냈던 자공에게는 말을 조심해야 한다고 당부했습니다. 똑똑하지만 게으렀던 재아에게는 언행이 일치해야 한다고 꾸짖었죠. 똑같은 질문을 하더라도 물러나는 성품의 염유와 앞서나가는 성품의 자로에게 각각 다른 답변을 해줍니다. 각자의 부족한 부분을 딱 맞게 채워주는 족집게 선생님이었던 거죠.

사람을 찾고, 사람을 가르쳐서 적합한 사람을 적합한 자리에 앉혔다고 끝이 아닙니다. 그다음 지켜야 할 중요한 원칙이 있지요. 바로 그 사람을 믿고 권한 위임하는 것입니다. 그가 하는 일에 시시콜콜 간섭하고 관리 감독하는 게 아니라 전문가로 인정하고 판단과 선택을 믿어주는 지혜가 필요합니다.

이때 한 가지 유의할 점이 있습니다. 적합한 것이 곧 완벽한 것을 뜻하는 건 아니라는 점입니다. 사람은 누구나 장점과 단점을 동시에 지니고 있습니다. 장점이 최대화되고 단점이 최소화되는 자리가 곧 그 사람에게 적합한 자리가 되겠죠. 장점을 발휘하도록 권한과 지지를 보내주고, 단점과 실수를 보완하도록 지원하기 위해서는 어느 정도 인내심이 필요합니다. 그래서 공자도 사람을 아끼는 인仁의 마음을 유지하면서 여러 측면에서 그 사람을 찬찬히 살피는 노력을 기울였습니다. 이렇듯 지인, 용인이 말처럼 쉬운 일이 아니기에 그 일을 훌륭하게 수행해 태평성대를 이룬 요임금, 순임금이 칭송을 받았던 겁니다.

예나 지금이나 적합한 사람을 알아보지 못하고, 적합한 일을 주지 못하고, 적합한 신뢰와 대우를 해주지 못하는 악순환이 반복되면서 인사人事가 망사亡事가 되는 상황을 주변에서 흔히 볼 수 있습니다. 이는 정부나 회사 같은 큰 조직에서만 나타나는 모습은 아닙니다. 가장 작은 공동체인 가정에서도 비슷한 일들이 일어나곤 하지요. 자녀의 특성을 알아보지 못해 적합한 가르침을 주지 못하고, 부적합한 진로를 주입하고, 스스로 판단하고 선택하며 자립할 기회를 주지 못하는 것. 공자가 중요하게 여기는 지인은 이렇게 우리 주변의 가까운 사람에게도 적용되는 생활의 지혜입니다.

"사람의 능력과 됨됨이를 제대로 알아보고, 그 그릇에 맞게 쓴다면 염려할 것이 없습니다."

오래된 말의 힘

무위無爲

인위적, 의식적인 행동을 버리고 자연의 법칙이나 흐름에 따라 자연스럽게 행동하는 것을 말합니다. 도가道家의 중심사상이지만 유가儒家에서도 무위를 인간의 의식을 초월한 고차원적인 자연 행위, 완성적 행위라고 여겼다고 합니다.

순임금의 무위정치란 천하를 다스리면서도 몸소 나서지 않고 현명한 신하들에게 각각의 업무를 맡겼다는 뜻입니다. 순임금은 익翼에게 불을 맡겨 짐승들을 내쫓고, 우禹에게 치수를 맡겨 농사를 지을 수 있게 했습니다. 후직后稷에게는 백성들에게 농사짓는 법을 가르치게 했고, 설契에게는 사람의 도리인 오륜五倫을 가르치게 했습니다.

눈 감아버리면
괜찮을까?

후배 M은 취준생으로 꽤 오랜 시간을 보냈습니다. 중간에 계약직으로 몇 번 일했지만 급여도 낮고 정규직 전환이 보장되지 않아 매번 다시 취업 준비를 하곤 했지요. 그러던 중 반가운 소식을 전해왔습니다. 비교적 규모 있는 교육업체에 입사하게 된 거죠. 본인이 관심 있었던 교육기획팀에서 일하게 됐고요.

"일단 정규직이라 좋아요. 연봉도 나쁘지 않고. 직원들도 친절하고 팀장님한테 배울 것도 많아요. 빌딩 전체를 쓰는 거라 사무실도 널찍하고 강의실도 여러 개예요. 야근도 많지 않고 집에서도 가깝고. 이제 저만 잘하면 될 것 같아요. 열심히 배우려고요."

그런데 6개월 후 만난 M의 안색은 밝지가 않았습니다.

"회사 일은 어때? 적응 좀 됐고?"
"일은 재미있는데…, 고민이 하나 있어요. 소문나면 회사에 안 좋으니 다른 데 가서 얘기하면 안 돼요."

다짐까지 받은 M은 조심스럽게 속사정을 이야기했습니다.

M과 친하게 지내던 계약직 직원이 있었습니다. 행정지원실 소속으로 일처리도 성실하고 성격도 싹싹해 직원들과 잘 어울렸지요. 그런데 어느 날 아무 기별 없이 회사를 그만두었답니다. 계약 기간이 한참 남았는데 말이죠. 겨우 연락이 되어 들어보니 대표 요구를 거절해서 잘렸다는 겁니다. 부인과 자녀가 버젓이 있으면서 입사 초부터 집도 구해주고 정규직 전환도 해줄 테니 사귀자고 괴롭혔다고요. 신고하지 않는 대가로 회사로부터 3개월치 월급을 받았다고 합니다. M은 대표와 회사 모두 실망스러웠지만 직접 당한 일은 아니니 마음을 다잡았습니다.

그런데 몇 주 전 늦게까지 남아 야근할 때였죠. 큰소리에 놀라 복도 쪽을 보니 대표가 행정팀장에게 손찌검을 하더랍니다. 자기 팀 팀장이 뛰어나가 대표를 말리는 사이 행정팀장은 자리를 피했고요. 며칠 뒤 대표는 술김에 실수했다면서 행정팀장에게 연봉 인상과 장기 휴가를 약속했다고 합니다.

"아니, 그분은 맞고도 계속 다닌다고?"

"손찌검도 성희롱도 종종 있는 일이래요. 처음엔 대표님 돌발행동에 놀랄 수 있는데, 평소엔 점잖으니까 신경 쓰지 말래요. 그런데 저는 마음이 계속 불편해요. 저런 대표 밑에서 일하는 것도 창피하고, 나라도 신고할까 싶다가도 무섭고, 그만둬야지 했다가도 다시 취업 준비할 엄두가 안 나고. 저 어떡하죠?"

이런 곳에서
계속 일해도 되는 걸까?

오래된 말의 힘

주변에 미치는 영향도
살펴야 합니다.

노나라 대부 계씨는 통치자인 주공보다 부유했는데도, 염유가 그를 위해 세금을 거두어 더욱 부유하게 해주었습니다. 선생님이 말씀했습니다. "염유는 나의 제자가 아닙니다. 문인들이여, 북을 울려 그를 성토해도 괜찮습니다."

《논어》, 〈선진 17〉

제자 원헌이 부끄러운 일에 대해 묻자 선생님이 말씀했습니다. "나라에 도가 있을 때 벼슬하는 것은 괜찮지만, 나라에 도가 없을 때 벼슬하는 것은 부끄러운 일입니다."

《논어》, 〈헌문 1〉

어떤 사람이 말했습니다. "덕으로 원한을 갚는 것은 어떻습니까?" 선생님이 말씀했습니다. "그러면 덕은 무엇으로 갚겠습니까? 공정함으로 원한을 갚고, 덕으로 덕을 갚아야 합니다."

《논어》, 〈헌문 35〉

제자 자로가 군자에 대해 묻자 선생님이 말씀했습니다. "공경스러운 마음으로 자기를 수양합니다." "그렇게만 하면 됩니까?" "자기를 수양해 남을 편안하게 합니다." "그렇게만 하면 됩니까?" "자기를 수양해 백성을 편안하게 합니다. 자기를 수양해 백성을 편안하게 하는 일은 요임금과 순임금도 어려워했습니다."

《논어》, 〈헌문 43〉

사람이 본래 지닌 선한 본성을 일깨우려면 몸과 마음을 갈고닦는 배움의 과정이 필요하지요. 그 과정에서 남을 누르려 하고, 자기를 드러내고, 남을 원망하고, 자기 욕심만 채우는 개인적인 욕망들을 절제하게 됩니다. 더 높은 수준의 품성, 도덕, 지식으로 나아가기 위해 노력하게 되고요.

이 정도면 훌륭하지 않느냐고 제자들이 물어봅니다. 그때마다 공자는 아직 부족하다 말하죠. 수기안인修己安人, 수기치인修己治人, 자신을 수양해 주위 사람들을 편안하게 하고, 바르게 이끄는 것. 공자 가르침의 핵심이 여기 있기 때문이지요. 자기를 수양하는 것에서 멈추면 어질다고 말하기 어렵습니다. 거기서 한발 더 나아가 주변 사람들 그리고 사회를 바르고 평안하게 만드는 데 기여해야

오래된 말의 힘

비로소 어짊을 이루었다고 말할 수 있는 거죠.

공자는 출세를 나쁘게 여기지 않았습니다. 열심히 배우고 익혀 스스로를 바로 세웠다면 더 큰 세상으로 나아가는 것이 당연했지요. 그래야 더 많은 사람들을 바로 세우고 편안하게 살도록 도울 수 있으니까요. 그런데 출세가 개인적인 욕심에 머물거나 누군가에게 피해를 주는 일과 연관된다면 어떡해야 할까요.

제자 염유가 그런 상황에 처하게 됐지요. 당시 세력가인 계씨 밑에서 일했는데 흉년으로 세수가 줄어들자 백성들을 더 쥐어짜게 했습니다. 그 일을 염유가 도맡아 처리했고요. 그 소식을 들은 공자는 '나의 제자가 아니다'라며 실망감을 표현합니다. 염유는 변명했죠. "제게 무슨 힘이 있겠습니까? 그저 위에서 시키는 대로 했을 뿐입니다"라고요.

부당한 지시여도 주어진 역할이니 성실히 수행하는 게 맞을까요? 그로 인해 다른 사람들에게 불편과 피해를 끼쳤어도 성실히 일했다면 잘못이 없는 걸까요? 공자는 우선 잘못된 부분을 고쳐보려 애써야 한다고 말했습니다. 그런데도 바로 잡히지 않는다면 미련 없이 그 자리를 벗어나라고 당부했지요. 도가 없는 곳에서 돈과 지위를 얻으며 일하는 것은 부끄러운 일이라 여겼으니까요.

잘못된 부분을 알면서도 한 번 두 번 눈감아버리고 '불편해질까봐, 귀찮아서, 좋은 게 좋은 거니까'라며 얼렁뚱땅 넘어가면 스스로 세워둔 원칙마저 무너지게 됩니다. 그 이후로는 더 많은 잘못을 하게 되고 더 많은 사람들에게 피해를 주게 되지요. 어느새 자책감은 사라지고 자기합리화와 변명의 여지가 늘어납니다. 이런 사람들이 모여 있는 곳에서 도가 바로 선 사회를 기대하기는 어렵겠지요.

공자가 이상사회를 논할 때 개개인의 수양을 강조한 이유입니다. 자기수양은 개인의 인격 완성뿐 아니라 타인과의 관계, 사회 안에서의 역할을 완성하는 일과도 밀접하게 연관돼 있으니까요. '주변 사람들을 편안하게 하고 내가 속한 집단을 바로 세우기 위해 내가 길러야 할 절제력, 도덕성, 행위 원칙은 무엇일까?' 이렇게 확장된 고민을 실천으로 옮겨 갈 때 자기완성의 정도가 깊어지게 되지요. 이런 사람들이 모여 바르게 세운 원칙을 가지고 서로를 배려하며 사회를 이끈다면 사회 완성의 토대도 탄탄해질 거고요.

그래서 공자가 '자기 하나 책임지는 것'만으로는 부족하다고 한 겁니다. 자기가 주변에 미친 영향, 사회적으로 나타난 결과까지 책임질 수 있어야 비로소 '성숙한 인간'이라 인정할 수 있었죠.

"사회의 완성은 자기완성의 정도만큼 이루어집니다."

경敬
경건, 공손, 신중한 마음을 한결같이 유지해 자신을 성찰하고, 대상을 대할 때도 그 마음이 드러나게 하는 자세를 말합니다. 인仁을 인식하고 실현

　　　　　　　　　　　　　　오래된 말의 힘

하는데 꼭 필요한 내적 정신으로 여겨지면서 유가의 기본 수양법으로 자리 잡게 됐지요.

자기 수양법에서 '경'은 생각이나 헤아림을 멈추고 선한 마음을 오롯이 간직한 상태를 뜻합니다. 인간의 마음은 본래 선해서 처음 밖으로 나타날 때는 남을 사랑하고 돕는 방향을 향합니다. 하지만 생각이나 헤아림이 이기적으로 작용하면서 자기 이익을 위해 남을 해치는 악한 마음으로 변질되는 거죠. 그래서 생각이나 헤아림을 멈추고 마음을 한곳에 집중해 선한 마음을 보존하라고 당부했던 겁니다.

부자 사장님이
미운 진짜 이유

선배 J는 잘사는 집 아들이었습니다. 대학 때부터 외제차를 몰고 명품, 고가의 브랜드 제품을 선호했지요. 취업 걱정도 별로 안 했습니다. 아버지 회사, 아버지 친구 회사, 대학원 진학, 아버지 지원을 받아 창업 등 옵션이 다양해서 졸업 후 해외 MBA를 취득한 선배는 한국으로 돌아와 영어교재 출판사를 창업했습니다.

　창업 후 2년쯤 지났을 때 선배는 저에게 관리실장 자리를 제안했지요. 고민됐지만 회사생활에 지치고 제안받은 연봉도 나쁘지 않아 합류하게 됐습니다. 직책은 관리실장이지만 선배와 영업을 하러 다니기 바빴습니다. 다행히 납품 의뢰는 꾸준히 들어왔는데 대금결제가 뒤늦게 이루어지는 게 문제였죠. 매달 마음을 졸이며 아슬아슬하게 제작비, 인건비, 관리비 지출 일자를 맞추곤 했습니다.

그런데 결국 사달이 났습니다. 굵직한 거래업체 몇 곳에서 대금 결제가 늦어지면서 지출 자금이 모자랐던 겁니다.

"대표님, 어쩌죠? 급하게 어디서 자금 융통해야 하지 않을까요?"

"은행대출은 다 당겨썼고, 개인 돈은 사업에 못 써. 아버지 투자받으면서 약속한 거라. 일단 받을 금액이 제일 큰 곳에서 보름 안에 지급하기로 확인받았으니 직원들한테 이번 월급을 조금 기다려 달라고 하지."

하지만 밀린 제작비, 용역비를 처리하다 보니 다음 달에도 월급을 지급하지 못했습니다. 양해를 구했으나 직원들이 술렁이기 시작했습니다.

"대표님, 지금이라도 자금 융통해서 직원들 월급을 줘야 하지 않을까요? 다음 달에도 상황이 비슷할 것 같은데……."

"돈 나올 데가 있어야 말이지. 대금 결제 재촉 말고 할 게 없는데."

"주변에서 빌려보면 어떨까요?"

"아버지한테는 말 못 꺼내. 내 돈도 못 쓰게 한다니까. 월급 한두 달 밀린다고 큰일 날 사람은 없는 것 같으니……."

이 말에 갑자기 울컥하는 마음이 들었습니다.

"큰일 날 직원도 있지요. 월세 내고 생활비 쓰면 한 달 월급으로 빠듯한데 밀리면 당연히 부담됩니다. 애들 있는 집은 더하고요."

"······힘든 직원 있으면 말해줘. 먼저 챙겨줄 테니. 오 실장도 힘들면 말하고. 실장 월급 정도는 챙겨줄 수 있으니까."

"저 줄 돈으로 직원들 챙겨주세요."

그 후로도 6개월간 월급이 밀렸고, 대다수 직원들이 퇴직금은커녕 밀린 월급도 받지 못하고 퇴사했습니다. 선배는 이 사업이 안 되겠다 싶었는지 새로운 사업거리를 알아보러 다녔고요. 아버지에게 받을 수 있는 마지막 투자 기회라고 하면서요.

일 년이 다 되도록 체불된 임금과 퇴직금이 지급되지 않자 퇴직한 몇몇 직원이 기다리다 못해 고용노동부에 진정을 접수했습니다. 선배는 그제야 아차 싶었는지 개인 명의로 된 건물의 임대수익, 여기저기 투자해둔 개인자금 일부를 모아 신고한 직원들의 임금부터 해결했습니다. 신고하지 않거나 회사에 남아 기다려주는 직원들의 임금 지급은 여전히 후순위로 밀려났습니다.

그 일이 결정적이었습니다. 이 회사를 떠나야겠다고 마음먹게 된 건. 바보 같게도 관리실장으로서 직원들 밀린 월급부터 해결하고 그만두는 게 맞다고 생각했습니다. 그 책임감 하나로 버틴 건데 아무 소용없다는 걸 그때 깨달았죠.

오래된 말의 힘

아마 선배는 섭섭해할 겁니다. 월급 좀 밀린다고, 사업 좀 안 풀린다고 의리 없이 그만두냐고요. 네, 저도 월급 밀리면 힘들고 사업 안 풀리면 답답하지요. 그래도 지금까지 곁을 지킨 건 선배를 믿었기 때문입니다. 하지만 이번에 확실해졌습니다. 선배는 같이 잘살기보다 혼자 잘사는 데 더 관심이 많다는 사실이요. 직원들 생계보다 개인의 안위가 더 중요한 사장을 믿고 일할 자신이 없어진 것. 그게 제가 떠나는 가장 큰 이유입니다.

부귀영화가
나쁜 것은 아닙니다.

제자 자공이 말했습니다. "가난해도 아첨하지 않고, 부유
해도 교만하지 않으면 어떻습니까?" 선생님이 말씀했습니
다. "괜찮습니다. 그러나 가난해도 도를 즐기고, 부유해도
예禮를 좋아하는 사람보다는 못합니다."

자공이 말했습니다. "시詩에 '뼈를 자르고 상아를 갈며 옥
을 다듬고 돌을 갈 듯이 한다'는 것은 이를 일컫는 게 아닐
까요?" 선생님이 말씀했습니다. "자공, 이제 함께 시를 이
야기할 만합니다. 지나간 일을 말해주니 다가올 일을 아는
군요!"

《논어》, 〈학이 15〉

"부유함과 높은 지위는 누구나 원하는 것이지만, 정당한
방법으로 얻은 것이 아니면 그것에 머물지 않습니다. 가난
함과 비천함은 누구나 싫어하는 것이지만, 정당한 방법으
로 벗어날 수 없다면 그것을 떠나지 않습니다.

군자가 어짊을 버리면 어떻게 명예를 이루겠습니까? 군자

　　　　　　　　　　　　　　　오래된 말의 힘

는 밥 먹는 사이에도 어짊을 어기지 않습니다. 아무리 다급해도 어짊을 지키고, 아무리 어려운 상황이라도 반드시 어짊을 지킵니다."

《논어》, 〈이인 5〉

"부가 구해서 얻어지는 것이라면 채찍 잡는 마부의 일이라도 하겠습니다. 구해서 얻어지는 게 아니라면 내가 좋아하는 바를 따르겠습니다."

《논어》, 〈술이 11〉

"거친 음식을 먹고 맹물을 마시며 팔을 굽혀 베개를 삼더라도, 즐거움 또한 그 속에 있는 법입니다. 의롭지 않은데도 부유하고 지위가 높은 것은 제게는 뜬구름 같습니다."

《논어》, 〈술이 15〉

제자 자공이 정치에 관해 묻자 선생님이 말씀했습니다. "먹을 것을 풍족하게 하고, 병력을 충분히 갖추고, 백성에게 믿음을 줘야 합니다."
자공이 "만일 어쩔 수 없이 버려야 한다면, 세 가지 중 무엇을 먼저 버리겠습니까?"라고 묻자 선생님이 말씀했습니다. "병력을 버릴 것입니다."

"만일 어쩔 수 없이 버려야 한다면, 남은 두 가지 중 무엇을 먼저 버리겠습니까?"라고 다시 묻자 선생님이 말씀했습니다. "먹을 것을 버릴 것입니다. 예로부터 누구에게나 죽음은 있으나, 백성의 믿음이 없으면 나라가 존립하지 못할 것입니다."

《논어》, 〈안연 7〉

선생님이 위나라에 갈 때, 제자 염유가 수레를 몰았습니다. 선생님이 "백성들이 많구나!"라고 말씀하자 염유가 물었습니다. "백성들이 많아졌다면 무엇을 더해줘야 합니까?" "부유하게 해줘야 합니다." "부유해졌다면 무엇을 더해줘야 합니까?" "가르쳐야 합니다."

《논어》, 〈자로 9〉

"가난하면서 원망하지 않기는 어렵습니다. 부유하면서 교만하지 않기는 그보다는 쉽습니다."

《논어》, 〈헌문 11〉

오래된 말의 힘

사람은 누구나 부자가 되고 싶어 합니다. 사회적으로 높은 자리에도 오르고 싶어 하고요. 가난하거나 낮은 자리를 좋아하는 사람은 없습니다. 공자도 이런 마음이 당연하다고 솔직하게 인정했습니다. 대신 몇 가지 유의사항을 당부했지요.

먼저 부와 지위에 대해 초연한 자세를 유지하는 겁니다. 돈 많이 벌고 싶다, 저 자리에 오르고 싶다, 갈망한다 해서 얻어지는 게 아니니까요. 공자도 구해서 얻어진다면 그 당시 천하게 여겨졌던 마부의 일이라도 하겠다고 말합니다. 하지만 아니란 걸 알기에 그저 본인이 좋아하는 일을 꾸준히 하겠다고 덧붙였죠.

그렇다고 포기하라는 뜻은 아닙니다. 공자는 스스로를 수양하며 세상으로 나아가 맡은 역할을 충실히 하는 과정에서 정당하게 얻은 부와 지위에는 관대했습니다. 다만 자신의 잘못이나 허물을 감추고, 누군가를 속이고 다치게 하면서 부당하게 차지했다면 뜬구름처럼 덧없다고 했지요. 사람으로서 갖춰야 할 인격, 도리, 사회적 책무를 저버리면서 얻게 된 것이니까요. 공자는 부당한 방법으로 부와 지위를 누릴 바에야 차라리 가난하고 낮은 자리에 머물며 도리를 지키고, 그 안에서 즐거움을 찾으며 정당하게 사는 편이 낫다고 말합니다.

부와 지위를 차지한 이후의 자세도 중요합니다. 바로 교만하지 않는 것. 누구나 구한다 해서 얻어지는 게 아니라고 했지요. 자신의 노력도 일부 포함됐겠지만 동일한 노력을 기울여도 기회와 운이 달리 주어지는 경우가 많습니다. 그러니 나 잘났다 뽐낼 게 아니라 감사하고 다행이라는 마음을 가져야 합니다. 이것은 기본 중의 기본이라 공자도 그 정도면 괜찮다고 했습니다.

하지만 절차탁마의 자세로 스스로를 수양하고 성장시킨 사람은 여기서 한 걸음 더 나아가게 되지요. 부와 지위를 차지하고도 예를 다하는 것. 이런 사람은 타인을 존중하며 공손하게 대합니다. 겸손한 마음으로 자신을 내세우지 않으며 남에게 양보할 줄 알고요.

이런 사람이 사업이나 사회활동을 한다면 어떨까요? 돈, 돈 하며 수단과 방법을 가리지 않고 사업하지는 않을 겁니다. 명예와 권력 때문에 남을 해하거나 이용하는 일도 없겠죠. 그저 맡은 일에 충실하며 자신의 이익뿐 아니라 타인의 이익도 배려할 겁니다. 사회적 규범과 도리에도 벗어나지 않으려 노력할 거고요. 이런 평소의 모습은 사람들에게 신뢰를 줄 겁니다. 그러면 자연스럽게 주변에 사람들이 모여들고, 부와 지위가 다시 그 사람에게 돌아가게 되는 거죠. 공자가 돈과 힘이 있어도 사람들의 믿음을 얻지 못하면 나라든 조직이든 존립하기 어렵다고 말한 이유가 여기 있습니다.

이와 같은 절차탁마의 자세는 부유하든 가난하든 적당히 먹고살든 누구나 생활 속에서 실천해야 합니다. 그래야 자신이 처한 위치에서 실수하지 않을 테니까요. 여러분은 요즘 이런 실수를 저지르고 있지 않은지요? 먹고사는 게 힘들다고, 남들보다 사회적 지위가 못하다고 너무 깊은 상심에 빠져 있진 않나요? 그로 인해 주변을 원망하거나 도리에 어긋나는 언행을 하진 않는지요? 반대로 먹고살 만하다고, 남들보다 조금 더 괜찮은 위치에 있다고 과도한 사치를 부리진 않나요? 자신이 잘났다고 은근히 뽐내거나 타인을 얕잡아보고 함부로 대하진 않는지요?

매일 스스로를 갈고닦아 삶을 바라보는 관점을 넓히고 인격의 깊이를 더해가는 사람은 자신에게 주어진 부와 지위에 연연하지 않습니다. 그와 무관하게 언제 어디서든 사람의 도리를 지킬 뿐이죠. 그래서 공자는 부와 지위 그 자체를 나쁘다 하지 않았던 겁니다. 자신의 생활을 어질게 꾸려갈 수 있다면 말이죠.

"늘 어질게 생활할 수 있다면 부귀영화를 누려도 괜찮습니다.
늘 어질게 생활할 수 있다면 부귀영화가 없어도 괜찮습니다."

시경詩經
춘추시대 민요를 중심으로 모은 중국에서 가장 오래된 시집입니다. 본래 3천여 편이었던 것을 공자가 311편으로 간추려 정리했다고 하는데, 이중 6편은 제목만 전해지고 있지요. 《시경》 305편은 풍風, 아雅, 송頌 세 부분으로 나누어집니다. 풍은 여러 제후국에서 채집된 민요로, 남녀 간의 애틋한 정과 이별의 아픔을 다룬 내용이 많습니다. 아는 궁궐에서 연주되는 곡조에 붙인 가사로 귀족풍을 띄고 있고, 송은 종묘의 제사에 쓰였던 악가樂歌입니다. 옛날 왕들은 먼 지방까지 관리를 보내 거리에 나돌고 있는 노래, 가사들을 모아 민심의 동향을 알아보고 정치에 참고로 삼았다고 합니다. 그리고 조정의 음악 관리에게 곡조를 붙이게 해서 다시 유행시켜 민심의 순화에도 힘썼다고 하네요. 공자는 제자들을 가르칠 때 육경(六經: 시경詩經, 서경書經, 예기禮記, 악기樂記, 역경易經, 춘추春秋의 6가지 경서) 중에서 시詩를 제일 먼저 배워야 한다고 말했습니다. 시는 사람의 가장 순수한 감정에서 우러난 것이므로 정서를 순화하고 다양한 사물을 인식하는 데 본보기가 된다고 생각했기 때문이지요.

절차탁마切磋琢磨

자공이 인용한 시는 《시경》 위풍衛風 기오淇奧 편에 나옵니다. 여기서 말하는 절차탁마는 뼈, 상아, 옥, 돌을 갈고닦아 빛낸다는 뜻으로 학문과 덕행을 끊임없이 갈고닦아 더욱 더 정진하는 자세를 이르는 말입니다.

말재주에
속을 뻔했다

즐겨 찾게 된 SNS 계정이 하나 있습니다. 회사에서 분기마다 개최하는 임직원 특강 때 초대됐던 D 박사가 운영하는 페이지였죠. D 박사는 굴지의 대기업을 다니다 자발적으로 퇴사한 이후, 사람들에게 도움이 되고 싶어 '인생공부법' 강의를 시작하게 됐다고 자신을 소개했습니다.

　온화한 표정으로 논리정연하게 이야기를 풀어가는 모습이 초반부터 시선을 사로잡았고, '인생공부'라는 강연 내용이 꽤나 인상 깊었습니다. 웬만해서는 팔로우를 잘 안 하는데, 반복되는 일상에 자극이 될까 싶어 D 박사의 SNS 계정을 등록해놨죠.

　일찌감치 퇴근한 어느 날 저녁, SNS에 올라오는 글들을 쭉 훑

어보고 있었습니다. 그중에 D 박사가 올린 장문의 글 하나가 눈에 들어왔습니다. 그런데 댓글 분위기가 뭔가 심상치 않았습니다. 무슨 일인지 궁금해 찬찬히 읽어봤습니다.

내용인즉, 본인이 여러 청중을 대상으로 강연을 다니는데, 강연 효과가 높은 부류와 낮은 부류가 구분된다는 것이었습니다. 연구소, 대기업, 수도권 대학, 특목고에서는 본인 강연에 대한 반응이 압도적으로 좋은 반면, 서비스 업종, 중소기업, 지방대, 일반 고등학교에서는 참여도가 현저히 떨어져, 요즘은 요청이 와도 후자 그룹은 잘 가지 않는다는 말을 덧붙여 놓았습니다.

'이게 뭐지?' 수도권 대학 출신이면서 중소기업에 다니고, 일반 고등학교에 다니는 조카들이 있고, 지방대 출신 친구, 동료들과 지적인 대화를 나누며 함께 어울려 일하는 저로서는 기분이 언짢아졌습니다.

저처럼 이 글을 보고 기분이 언짢아진 사람들이 댓글을 달았고, 그중 한 청년의 댓글이 눈에 띄었습니다. 환경뿐 아니라 배움에 대한 개인의 의지가 중요한 것 아니냐. 그래서 명문대든 지방대든 좋은 강연자를 초청해서 배움의 기회를 마련해주는 것 아니겠느냐. 배움을 주는 강연자의 시각이 이 정도라 아쉽다는 의견을 논리정연하게 남긴 겁니다.

그런데 언짢은 것을 넘어 실망스러운 감정이 드는 것은 그다음부터였습니다. D 박사는 청년에게 자기 글의 문맥을 이해하지 못

　　　　　　　　　　　　　오래된 말의 힘

하고 엉뚱한 댓글을 달아놓았다고 나무라며 1·2·3 번호까지 달아 반박의 글을 남겨놓았습니다. 다 읽기도 전에 지친 마음이 든 저는 SNS를 끄고 침대로 가 털썩 누웠습니다.

온화한 얼굴로 강연장에 서 있던 D 박사의 모습과 흥분한 듯한 말투로 댓글을 달아놓은 모습이 어쩐지 잘 연결되지 않았습니다. D 박사가 그동안 어떤 활동을 하고, 어떤 말을 해왔는지 검색해봤 습니다.

방송에서, 강연에서, 인터뷰에서 스펙보다는 실력이 중요하다고 강조하고 있었습니다. 그런데 왜 청중의 스펙은 따졌던 걸까요? '좋아요'를 많이 받은 영상에서는 서로 배려하고 이해하고 소통하 려 노력해야 한다는 메시지를 전하고 있었습니다. 그런데 왜 본인 이 쓴 글을 읽고 마음이 불편해진 한 청년의 입장은 배려하지 못한 걸까요? 한 인터뷰에서 나중에 대기업으로 돌아가 조직을 바꿔서 유명해지고 싶다는 말을 남겼더군요. 자신의 말이 잘 먹히는 스펙 좋은 직원들만 관리해서 덕을 보고 싶다는 건 아니겠죠?

다른 강연과 글에 대해서도 의도는 좋으나 불편하거나 찜찜한 기분이 든다는 청중과 독자들이 존재했습니다. 그에 대한 대응은 시종일관 고압적이었고요. 검색을 마친 저는 다시 SNS 계정을 열 었습니다. 그리고 아쉬움 한 점 없이 팔로우를 해제했습니다.

오래된 말의 힘

말이나 이미지보다
일상의 선택을 살펴야 합니다.

"듣기 좋게만 말하고, 얼굴 표정을 잘 꾸미는 사람들 중에는 어진 사람이 드뭅니다."

《논어》, 〈학이 3〉·〈양화 17〉

"제자 안회와 온종일 이야기를 나누었는데 질문이 없어서 어리석은 사람처럼 보였습니다. 그가 물러간 뒤 어떻게 생활하나 살펴보니 뜻을 잘 실천하고 있었습니다. 안회는 어리석은 사람이 아니었습니다."

《논어》, 〈위정 9〉

"그가 하는 일을 보고, 그 일을 하게 된 동기를 살피고, 그것에 만족해하는지 헤아려본다면, 어떻게 자신을 숨기겠습니까?"

《논어》, 〈위정 10〉

제자 자공이 군자에 대해 물으니, 선생님이 말씀했습니다.

"먼저 실천하고, 그 뒤에 말이 따라야 합니다."

《논어》, 〈위정 13〉

"사람의 잘못은 그가 어떤 사람인지에 따라 각각 다릅니다. 잘못을 살펴보면 그 사람이 어진 사람인지 알 수 있습니다."

《논어》, 〈이인 7〉

"군자는 말은 신중히 하고, 행동은 민첩하려 합니다."

《논어》, 〈이인 24〉

어떤 사람이 말했습니다. "제자 염옹은 어진 사람이지만 말재주가 없습니다." 선생님이 말씀했습니다. "말재주를 어디에 쓰겠습니까? 능란한 말재주로 남을 대하면 미움을 자주 사게 됩니다. 그가 어진 사람인지는 잘 모르겠지만, 말재주만 있으면 어디에 쓰겠습니까?"

《논어》, 〈공야장 5〉

"말재주를 부리고, 얼굴 표정을 잘 꾸미며, 지나치게 공손

　　　　　　　　　　오래된 말의 힘

한 것을 노나라 학자 좌구명이 부끄럽게 여겼는데, 나도 부끄럽게 여깁니다. 원망을 숨기고 그 사람과 벗하는 것도 좌구명이 부끄럽게 여겼는데, 나도 부끄럽게 여깁니다."

《논어》, 〈공야장 25〉

"말의 논리가 뚜렷하다고 칭찬한다면, 그는 군자다운 사람입니까? 아니면 겉만 꾸민 사람입니까?"

《논어》, 〈선진 21〉

"덕이 있는 사람은 반드시 도리에 맞는 말을 하지만, 말을 잘하는 사람이 반드시 덕이 있는 것은 아닙니다. 어진 사람은 반드시 용기가 있지만, 용기 있는 사람이 반드시 어진 것은 아닙니다."

《논어》, 〈헌문 5〉

"말하는 것을 (제대로 지키지 못할까 하여) 부끄럽게 여기지 않으면, 그 말을 실천하기 어렵습니다."

《논어》, 〈헌문 21〉

"군자는 자신의 말이 행동보다 넘치는 것을 부끄러워합니다."

《논어》, 〈헌문 28〉

"군자는 말만 듣고 사람을 쓰지 않으며, 사람의 신분이 낮다 하여 그가 한 좋은 말을 버리지 않습니다."

《논어》, 〈위령공 23〉

"겉으로는 위엄 있는 척하지만 속으로는 유약한 사람을 소인에 비유한다면, 벽을 뚫거나 담을 넘는 도둑과 같은 사람이 아니겠습니까?"

《논어》, 〈양화 12〉

"향원鄕愿은 덕을 해치는 존재입니다."

《논어》, 〈양화 17-13〉

'언행일치言行一致' 말과 행동이 같다, 말한 대로 행동한다는 의미죠. 언뜻 들으면 당연하고 쉬운 말 같지만, 실제 생활에서 이를 그대로 실천하기란 매우 어려운 일입니다. 멀리서 찾을 것도 없습니다. 아이나 후배에게 훈계로 내놓은 말들을 잣대로 삼아 내 일상의 행동들을 들여다보면 되지요.

사람들은 보통 말을 잘하면 똑똑하다고 생각합니다. 좋은 말을 잘하면 현명하다고 생각하고요. 하지만 그 사람과 한 달만 지내보면 그동안 했던 말들이 진실인지 거짓인지 금세 밝혀집니다. 오랜 기간 지켜볼 수 없다면 그의 과거를 살펴보면 됩니다. 어떤 선택을 해왔고, 어떤 실패를 해왔는지.

공자가 사람을 판단할 때 그의 말보다는 행동을 살피라고 했습니다. 그리고 과오를 살펴보라고 했습니다. 사람은 보통 자신이 지키고자 하는 것 때문에 과오를 저지르기 때문이죠. 지혜로운 사람은 지혜 때문에, 의로운 사람은 의로움 때문에, 신뢰를 중시하는 사람은 신뢰 때문에 실수나 잘못을 저지른다는 겁니다.

이렇듯 평소 생각이 행동으로 드러나고, 말이 곧 실천이 돼야 한다는 무거움을 깨닫게 되면, 자기 생각을 함부로 말하기 어려워집니다. 말하기 전에 한 번 더 생각해보게 되고요. 언변이 화려하고 뛰어났던 자공이나 재여 같은 제자에게 공자가 유독 실천을 강조해서 가르친 이유겠지요.

말과 행동이 같다는 것은 겉과 속이 같다는 것과도 일맥상통합니다. 사회생활을 하다 보면 본의 아니게 본심을 숨기고 말과 행동을 꾸미게 됩니다. 때로는 타인이 좋아할 만한 모습으로 자신의 이미지를 만들기도 하지요. 어떤 사람들은 타인보다 강하고 우월해

보이기 위해 일부러 고자세를 취하기도 합니다. 그래야 이 험난한 세상에서 살아남고 남들보다 높은 지위를 차지할 수 있다고 생각해서겠죠.

공자의 시대에도 다르지 않았습니다. 인정받고, 성공하고, 더 많은 것을 가지려는 사람들이 겉으로는 위엄 있는 척하며 실제로는 자기보다 약한 사람들을 함부로 대했습니다. 강자 앞에서는 잇속을 얻으려고 속마음을 숨긴 채 고개를 조아렸지요. 공자는 그런 사람들이 세상을 더 험난하게 만든다고 생각했습니다. 그래서 그들을 미워하고, 스스로 그렇게 되지 않도록 끊임없이 배우고 경계해야 한다고 가르쳤던 거죠.

지금 머릿속에 몇 명이 스쳐갈 겁니다. 말과 행동이 다르고, 겉과 속이 달라서 실망스러운 상사, 동료, 후배, 선생님, 종교인, 방송인, 정치인 등등. 마음껏 미워해도 좋습니다. 그런데 같이 생각해볼 것이 있죠. 나는 그들과 다른가? 아무도 보지 않을 때 내 생각, 말, 행동은 타인에게 내세우는 모습과 어떻게 다른가? 지금은 많이 부족하지만, 바른 생각이 바른 말로, 바른 행동으로 이어지도록 평소 스스로를 돌아보며 사는가? 이 어려운 일을 해내야 하는 당신에게 공자가 용기를 줄겁니다.

"나도 처음에는 말만 듣고 사람을 평가했습니다. 하지만
여러 사람을 만나며 아니란 걸 배웠지요. 나도 종종 말실

오래된 말의 힘

수를 합니다. 그러면 곧바로 잘못했다고 인정합니다. 그렇
게 배워가면 됩니다."

향원郷愿

인정을 받기 위해 좋은 게 좋다는 식으로 사람들의 비위를 맞추는 사람
을 향원이라고 합니다. 이 향원에 대해 《맹자》〈진심 하〉 편에 상세한 설명
이 나와 있습니다.

"세상의 흐름에 따르고 더러운 세상에 영합하면서도 평소에는 충성스럽
고 믿음이 있는 것처럼 굴고 청렴결백한 듯이 행동해 사람들의 호감을 삽
니다. 자기 스스로 옳다고 생각하지만 요임금과 순임금의 도에는 들어갈
수 없을 것입니다. 그러므로 공자님은 이런 향원을 가리켜 덕을 해치는
자라고 말씀하신 것입니다. 공자님은 사이비, 즉 같은 듯하지만 아닌 것을
미워하셨습니다."

주변 사람들에게
깡패가 되는 사람

친구 K한테서 또 전화가 왔습니다. 받을까 말까 3초간 망설이다 받았습니다. 아니나 다를까, 오늘도 성토회가 열렸습니다. 매일 대상도, 주제도 다양합니다.

"아, 누가 꼴통 부장 아니랄까 봐. 내 보고서가 왜 이해가 안 돼?"

"또라이 과장, 일도 제대로 못하는 주제에 자기가 제일 잘난 줄 안다니까."

"한참 어린 후배가 지적 좀 했다고 삐쳐서. 요즘 애들 못쓰겠어."

"대학 동기인데 허구한 날 전화해서 우울하대. 듣다 보면 짜증나. 내가 자기 감정 쏟아내는 쓰레기통도 아니고."

"사촌동생 가게 대박 났다고 자랑질 하더라고. 어릴 때 날라리였던 거 다 아는데. 어른들은 돈이 최고인가 봐."

"가족 때문에 인생 망쳤어. 내가 얼마나 참고 희생했는지 알아?"

얼굴 맞대고 만나도 듣는 이야기는 별반 다를 게 없습니다. 자신은 늘 선의를 갖고 합리적으로 행동하려 최선을 다하죠. 그에 반해 K 주변의 모든 사람들은 왜 그렇게 나쁘고 몰상식하고 무능한 걸까요? 하물며 직접적인 관계가 없는 사람들과도 비슷한 이유로 마찰이 잦았습니다.

"이거 간 제대로 한 거 맞아요? 못 먹겠으니 다시 해주세요."

"바빠서 기한 지난 줄 몰랐죠. 기분 나쁘니까 환불해주세요."

"이런 식으로 일 처리하면 되나요? 책임자 불러주세요."

"예의가 없어. 애들 데리고 카페는 왜 와? 시끄러워 죽겠네."

"에이 씨, 저런 것들 때문에 운전할 때마다 성질난다니까."

"아! 부딪혔으면 먼저 사과해야지, 왜 빤히 쳐다보는데?"

그래도 친구니까, 무조건 듣고 위로하고 편들었습니다. 하지만 험담과 한탄을 반복하고, 언제 어디서 갈등을 일으킬지 모르는 K는 시한폭탄 같았습니다. 함께 있으면 불안하고 불편해서 저도 덩달아 예민해지곤 했죠. 안 되겠다 싶어 평소처럼 험담과 한탄을 늘

어놓는 K에게 저 나름대로 고심한 개선책을 내놓았습니다. 그러자 K의 태도가 싸늘하게 바뀌더니 한마디 던지더군요.

"누가 너한테 해결책 말해달래? 그냥 위로가 필요한 거라고. 네가 걱정 안 해도 나 아주 잘 살고 있어."

이 말을 듣고 보니 그 오랜 시간 우리는 대화를 통해 마음을 나눈 게 아니었습니다. K의 자기위안용 독백에 무조건 호응하던 저야말로 어느새 힘들고 나쁜 감정을 여과 없이 받아내는 쓰레기통이 되어버렸던 거죠. 속상했습니다. 제가 친구로서 역할을 잘못한 것 같아서요. 그리고 더 속상했습니다. 자신의 감정과 욕심을 추스르지 못해 주변 사람들에게 상처를 입히고, 스스로도 상처 내는 친구 때문에요.

내 마음부터
이겨내야 합니다.

"어진 사람을 보면 그와 같아지기를 생각하고, 어질지 못한 사람을 보면 안으로 자신을 반성합니다."

《논어》, 〈이인 17〉

"그만둡시다! 나는 아직 자기 잘못을 깨달아 마음속으로 스스로를 꾸짖는 사람을 보지 못했습니다."

《논어》, 〈공야장 27〉

"세 사람이 길을 갈 때 반드시 그 안에 내 스승이 있습니다. 좋은 점은 골라서 따르고, 좋지 않은 점은 가려내어 내 잘못을 고칩니다."

《논어》, 〈술이 21〉

제자 증자가 말했습니다. "재능이 있어도 재능이 부족한 사람에게 묻고, 많이 알아도 적게 아는 사람에게 묻습니다. 있어도 없는 듯하고, 차 있어도 비어 있는 듯합니다.

남이 내게 잘못해도 따지지 않습니다. 예전에 우리 친구가 이렇게 했습니다."

"비유하자면 산을 만들 때 한 삼태기의 흙이 부족한 채로 멈췄어도 내가 멈춘 것입니다. 평지에 비록 한 삼태기의 흙을 쏟았을 뿐이어도 나아갔다면 내가 나아간 것입니다."

《논어》, 〈자한 18〉

제자 안연이 어짊에 대해 묻자 선생님이 말씀했습니다. "자기를 이겨 예로 돌아가면 어질게 됩니다. 하루라도 자기를 이겨 예로 돌아가면, 세상 사람들 모두 어질게 될 것입니다. 어질게 되는 것이 자기에게 달려 있지, 남에게 달려 있겠습니까?"

안연이 말했습니다. "구체적인 방법을 알려주십시오." 선생님이 말씀했습니다. "예가 아니면 보지 말고, 듣지 말고, 말하지 말고, 움직이지 마십시오." 안연이 말했습니다. "제가 비록 부족하지만, 이 말씀을 실천하겠습니다."

《논어》, 〈안연 1〉

제자 사마우가 군자에 대해 묻자 선생님이 말씀했습니다.
"군자는 근심하지도 않고, 두려워하지도 않습니다."
"근심하지도 않고, 두려워하지도 않으면 군자라 할 수 있습니까?" 선생님이 말씀했습니다. "자기 마음을 살펴 잘못이 없다면 무엇을 근심하고, 무엇을 두려워하겠습니까?"

《논어》, 〈안연 4〉

"어떻게 할까, 어떻게 할까 스스로 고민하지 않는 사람은 나도 어떻게 해볼 도리가 없습니다."

《논어》, 〈위령공 16〉

"사람이 도를 넓힐 수 있는 것이지, 도가 사람을 넓히는 것은 아닙니다."

《논어》, 〈위령공 29〉

"잘못을 하고도 고치지 않는 것이 잘못입니다."

《논어》, 〈위령공 30〉

사람은 누구나 장점도 있고 단점도 있습니다. 상황이 좋을 때도

오래된 말의 힘

있고 나쁠 때도 있죠. 머리로는 알겠는데 매일의 일상에서는 나쁜 상황, 타인의 단점만 유독 크게 다가오는 경우가 많습니다. 그럴 때 대처하는 사람들의 유형을 살펴보면 두 부류로 나뉘죠. 스스로 돌파구를 찾아 한 걸음이라도 앞으로 나아가는 사람과 힘들다고 주변에 떼쓰며 관계와 상황을 악화시키는 사람.

전자는 공자가 태평하다고 말한 군자, 후자는 교만하다고 말한 소인에 가깝습니다. 마음이 충실한 군자는 어떤 상황에서도 평안한 상태를 유지하며 해결책을 바깥에서 구하지 않습니다. 반대로 마음이 부실한 소인은 늘 불안하고 불만이 가득하죠. 그러면서도 잘되고 싶은 욕심에 자기 잘난 점은 밖으로 드러내고 문제는 주변 탓으로 돌리는 성향을 보이게 됩니다.

이런 실수를 막기 위해 공자는 자기반성과 성장을 강조했습니다. 명상하고 책 읽으며 머리로만 깨닫는 추상적인 반성과 성장이 아닙니다. 일상 속에서 자기 상태를 꼼꼼히 따져서 잘못이 반복되지 않도록 수정하고, 깨우친 대로 평소 언행을 조절해야죠. 그로 인해 자신도 평안하고 주변도 평안해져야 제대로 자기를 이겨냈다 할 수 있습니다. 이론적인 도가 사람을 넓히는 게 아니라 사람이 실천을 통해 도를 넓혀가는 거니까요.

누구든 스스로 고치고 나날이 발전하려 애쓰지 않으면 공자도 해줄 게 없다고 말했습니다. 배우는 사람에게 문제의식이 있고 삶에 적용해보려는 의지가 있어야 가르침이 효과를 발휘하니까요.

공자는 훌륭한 스승뿐 아니라 자신보다 부족한 사람에게서도 배울 점이 있다고 생각했습니다. '왜 저렇게 말하고 행동할까. 나는 평소 어떤 모습인가. 이렇게 하고 저렇게는 하지 말아야지.' 어떤 사람, 어떤 상황을 만나든 그에 비추어 자신의 마음가짐, 몸가짐을 단속할 수 있다면 결국엔 자기 성장을 얻어갈 수 있다는 거죠.

이런 자세가 가능하려면 자기중심으로 판단하고 자기만 내세우는 '아집', 자기가 옳고 잘했으니 고치지 않겠다고 버티는 '고집'을 내려놓아야 합니다. 수제자 안연이 그러했죠. 재능도 있고 아는 것도 많았지만 부족한 듯, 비어 있는 듯 겸손하게 행동했습니다. 설사 남이 내게 잘못했다 하더라도 화내며 따져 묻지 않았고요. 가난하다고 신세를 한탄하거나 출세하겠다고 욕심부리기보다 배운 것 그대로 생활 속에서 실천하는 데 집중했습니다. 그래서 공자뿐 아니라 동료 제자들의 칭송을 한 몸에 받았죠. 공자가 어짊으로 가는 최고 경지인 '극기복례'를 알려준 사람도 바로 안연이었습니다.

공자는 모든 사람이 어진 마음을 타고났다고 여겼습니다. 다만, 불쑥불쑥 치솟는 사리사욕에 얽매여 어질지 못한 말과 행동이 튀어나오는 거죠. "사리사욕? 내가 얼마나 공정하고 합리적인 사람인데."라고 반문할지도 모르겠습니다. 하지만 왜 화가 나고, 왜 힘이 드는지 곰곰이 되짚어보십시오. 대부분 타인 또는 상황이 '내 맘 같지 않아서, 내 뜻대로 안 돼서'입니다. 눈에 보이는 부와 자리

　　　　　　　　　　　　　　　오래된 말의 힘

에만 국한된 게 아니죠. 아주 사소한 일이라도 상대를 배려하지 못하고 감정을 쏟아내거나 자기 생각대로 밀어붙이는 것 또한 사리사욕을 채우는 모습에 해당합니다.

자신은 잘하고 타인은 잘못한다고 생각하는 사람들이 모여 있으면 하루도 평탄한 날이 없을 겁니다. 그런 환경에 처했을 때 개인은 어떤 입장을 취해야 할까요? 계속 내 생각만 하면서 불편하게 지낼까요, 아니면 관점을 바꿔서 평탄하게 지낼 방법을 모색해볼까요. 나는 지금 왜 불편한가? 무엇을 실수했나? 상대방 입장은 뭔가? 어떤 점을 배려하면 상황이 나아질까? 단 하루라도 모든 사람들이 후자의 입장을 취하면 그날만은 온 세상에 평화가 찾아올 겁니다. 그리고 그 선택은 남이 아닌 나에게 달렸다고, 개인이 바로 서면 세상도 바로 선다고, 공자는 확신했습니다.

> "마음이 부실한 사람은 바깥으로 기를 부립니다. 마음이
> 충실한 사람은 안으로 기를 모아 바깥을 변화시킵니다."

극기복례克己復禮
자기를 극복해 예로 돌아간다는 말이죠. 즉, 충동적이고 감정적인 자아와 개인적인 욕심을 자기 의지로 이겨내 하늘의 바른 이치(天理)에 근거한 도덕적 법칙(節文), 도덕적 인간상(君子)으로 돌아가는 것을 뜻합니다.

이렇게 자기의 사사로운 욕망을 예로써 나날이 극복하는 길이 사람됨의 길(仁)이고, 이를 사회적으로 확장하면 도덕사회가 되는 거죠. 여기서 극기의 실천조목으로 꼽힌 사물四勿(비례물시非禮勿視, 비례물청非禮勿聽, 비례물언非禮勿言, 비례물동非禮勿動)은 사욕을 극복하는 일상의 행동지침으로 유가에서 중요하게 다루어졌습니다.

인에 대해 많은 제자들이 공자에게 질문했습니다. 그때마다 공자는 각각의 수준에 맞춰 다른 대답을 주었고요. 그중 수제자 안연에게 당부한 '극기복례'는 인으로 나아가는 최고의 경지로 여겨집니다. 이 부분은 《논어》 중에서 인과 예의 관계를 결정적으로 보여주는 대목으로 주목받았죠.

성리학자 이이李珥는 '극기복례설'을 쓰면서 인을 이루기 위해 의義나 지智가 아닌 예의 회복을 꼽은 이유로 몸과 마음을 조절하는 것이 예라는 점을 설명했습니다.

"인은 사람이 본래 타고난 마음(本心)으로 모든 개별 덕을 총괄하는 완전하고 보편적인 덕(全德)입니다. 모든 사람이 본심을 갖고 있지만 사욕이 그것의 실현을 가로막습니다. 그러므로 몸과 마음을 엄정하게 단속하는 도구인 예에 따름으로써 마음의 덕이 온전해질 수 있습니다."

욕심이 넘쳐
현실을 망친다

부친의 사업 실패로 떠안은 집안 빚을 갚는 데 꼬박 5년이 걸렸습니다. 낮에는 회사생활, 밤과 주말에는 아르바이트를 하며 쉴 새 없이 일했죠. 그사이 적금이다 투자다 돈을 모으는 동료들을 볼 때마다 마음이 분주해졌습니다. 나는 언제 저들만큼 모으나 하고요.

　마지막 대출금까지 청산하고 매달 들어오는 월급을 아껴 쓰며 고민했습니다. 남들보다 5년이나 늦었는데 좀 더 빠르게 돈을 모을 수는 없을까? 은행, 투자사, 보험사 등 이곳저곳 알아보다 지인을 통해 수익형 부동산에 대해 알게 됐습니다. 보유자금이 적어도 가능하고, 투자 대비 높은 수익률을 보장한다는 말에 마음이 혹했죠

"얼마 투자하실 건데요? 갖고 계신 돈이 너무 적긴 한데 저희가 대출한도 최대한으로 끌어올릴 수 있으니 최저금액만 맞추세요. 입지가 좋아서 임대료 높게 받으면 되니까 대출이자는 걱정하지 마시고요."

분양사무소에서 만난 L 실장은 성실해 보이는 외모에 예의 바른 태도로 각종 데이터를 내보이며 투자를 권유했습니다.

"아, 그런데 제가 모아놓은 돈이 별로 없어서 계약금, 중도금 모두 내려면 제일 작은 원룸 하나 정도 해볼 수 있을 것 같아요."
"괜찮아요. 돈이 적을수록 수익률을 높여야겠죠? 고객님에게 최대한 유리한 방안을 생각해봤는데요, 일단 원룸 2개 계약하고 중도금 도래하기 전에 제가 1개를 프리미엄 붙여서 팔아드릴게요. 그 돈까지 합치면 대출금 줄일 수 있으니 고객님한테 이득이죠."
"안 팔리면 어떡해요?"
"여기 인기 많아서 금방 팔려요. 정 걱정되시면 제가 책임지고 팔겠다는 서약서라도 써드릴게요."

고민 끝에 L 실장 말대로 원룸 2개를 계약하고 L 실장이 준 선물을 한 아름 안은 채 설레는 맘으로 돌아왔지요. 원룸 1개에 넣을 중도금을 부지런히 모으는 동안 어느덧 납입일이 도래했습니다.

하지만 그때까지도 L 실장은 아무런 조치를 취하지 않았습니다. 여러 차례 연락해봤지만 종국엔 연락도 두절됐고요. 중도금을 내지 않으면 계약금도 반환되지 않는 조건이라 다급하게 또 다른 빚을 질 수밖에 없었죠.

무책임하게 영업한 L 실장이 원망스러웠습니다. 그러나 근본적인 책임은 과욕을 부린 저에게 있었죠. 스스로 감당할 수 있는 투자 범위를 알면서도 좀 더 빨리, 좀 더 많이 벌어보자는 욕심에 사로잡혀 균형감각을 잃었으니까요. 그 대가로 밤낮 주말 없이 일해야 하는 고생길을 한동안 더 겪어야 했습니다.

으... 선을 지켜야 하는데

적정선에 머물 줄
알아야 합니다.

선생님은 네 가지를 하지 않았습니다. 사사로운 마음이 없고, 반드시 이루겠다고 무리하지 않고, 고집부리지 않고, 자기를 내세우지도 않았습니다.

《논어》, 〈자한 4〉

"함께 배울 수는 있어도 함께 도를 향해 나아갈 수는 없습니다. 함께 도를 향해 나아갈 수는 있어도 함께 굳건히 설 수는 없습니다. 함께 굳건히 설 수는 있어도 함께 중용을 행할 수는 없습니다."

《논어》, 〈자한 29〉

제자 자공이 물었습니다. "자장과 자하 중에 누가 더 현명한가요?" 선생님이 말씀했습니다. "자장은 지나치고 자하는 모자랍니다." "그러면 자장이 더 나은 건가요?" "지나침은 모자람과 같습니다."

《논어》, 〈선진 16〉

오래된 말의 힘

제자 자하가 거보 고을 읍장이 되어 정치에 대해 묻자 선생님이 말씀했습니다. "일을 성급히 하지 말고, 작은 이익을 보려 하지 마십시오. 성급히 하려 들면 제대로 달성하지 못하고, 작은 이익을 보려 하면 큰일을 이루지 못합니다."

《논어》, 〈자로 17〉

선생님이 위나라 사람 공명가에게 대부 공숙문자에 대해 물었습니다. "정말인가요? 그분은 말하지도 않고, 웃지도 않고, 물건을 받지도 않습니까?"
공명가가 대답했습니다. "전해준 사람의 말이 지나쳤나 봅니다. 그분은 알맞은 때에야 말하니 사람들이 그 말을 싫어하지 않고, 즐거울 때에야 웃으니 사람들이 그 웃음을 싫어하지 않고, 의로워야 받으니 사람들이 그가 받는 것을 싫어하지 않습니다."

《논어》, 〈헌문 14〉

"사람이 멀리 생각하지 않으면, 반드시 가까운 근심이 생기게 됩니다."

《논어》, 〈위령공 12〉

욕심이 넘쳐 현실을 망친다

"교묘하게 꾸미는 말은 덕을 어지럽히고, 작은 것을 참지 못하면 큰 계획을 어지럽히게 됩니다."

《논어》, 〈위령공 27〉

제자 자장은 매사 자신만만하고 어려운 일에 나서며 바른말 하기를 좋아했습니다. 반면 자하는 배움에 독실하고 매사 꼼꼼히 살피며 작고 사소한 일 하나하나에 신경을 썼지요. 다른 제자들에게 자장은 일 처리는 똑 부러지나 화목하게 어울리기에 불편한 동료였고, 자하는 온순하지만 도량이 좁아 함께 일하기에는 답답한 동료였습니다. 공자가 지나침과 모자람을 같다고 본 이유죠. 두 사람 모두 어느 한쪽으로 치우쳐 딱 알맞다, 조화롭다 여겨지는 중中의 상태를 얻지 못했으니 현명하다고 보기 어렵겠지요.

보통 '일당백'이라고 하면 일 잘한다 칭찬하기 마련인데 공자는 그 역시도 현명하지 못하다고 말합니다. 혼자 몇 사람을 당해내며 앞질러 나가는 사람은 지나친 것이므로 뒤로 물러서는 사람의 모자람과 다르지 않습니다. 그래서 자로와 염구의 동일한 질문에 다른 답변을 주었죠? 자꾸만 앞서나가는 자로에게는 물러나도록 가르치고 자꾸만 물러서는 염구에게는 앞으로 나아가도록 가르쳐서 적정선을 찾도록 도왔던 겁니다.

예를 행할 때도 마찬가지입니다. 형식을 돋보이게 하려고 사치스럽게 꾸미는 사람은 지나친 것이고, 너무 인색해서 기본적인 형식조차 갖추지 못하는 사람은 모자란 것이 되지요. 감정 상태에도 적정선이 필요합니다. 부모님이 돌아가셨을 때 너무 큰 상심에 빠져 식음을 전폐하는 것은 지나치고, 홀가분하거나 편안한 마음을 갖는 것은 모자라지요.

생활 속에서 중용의 자세를 실천하려면 꾸준한 배움과 연습이 필요합니다. 그때그때 상황과 처지에 딱 알맞게 처신하는 것이 말처럼 쉬운 일은 아니니까요. 그래서 함께 배우고 바른 방향으로 나아가고 자기 의견을 바로 세우고 배운 바대로 실천해나가는 배움의 단계에서 가장 마지막에 중용이 있습니다. 위나라 대부 공숙문자는 이렇게 어려운 중용을 일상생활에서 실천하는 모습을 보였죠. 적절한 때에만 말하고, 적절한 때에만 웃고, 적절한 때에만 취하고. 그런 태도를 유지해 사람들의 지지를 받았습니다. 공자도 '어떻게 그럴 수 있느냐'고 신기해하며 칭송했지요.

공자 스스로도 어느 한쪽으로 치우침 없는 중용의 모습을 삶 속에서 구현했습니다. 나라에서 부르면 일하고 부르지 않으면 묵묵히 원래 하던 일에 충실하다고 했지요? 무언가를 반드시 이뤄내야 한다며 무리하지 않았던 겁니다. 어떤 일을 두고 가하다 불가하다, 옳다 그르다 고집부리는 일도 없었습니다. 여러 사람들과 조화롭게 어울리되 사사로운 의도에 치우치거나 자기를 내세우는 데 급급하지 않고 그저 따라야 할 도의 길을 묵묵히 지켰을 뿐이죠.

제자들에게도 이런 균형 감각을 일깨우기 위해 그때그때 적절한 가르침을 전했습니다. 지나침이 있는 제자에게는 비워내도록 가르치고 모자람이 있는 제자에게는 채워 넣도록 가르쳤죠. 성급히 하려다 제대로 달성하지 못하는 것, 작은 일을 참지 못해 큰일을 이루지 못하는 것, 멀리 생각하지 못해 가까운 근심을 만드는 것, 적절한지 아닌지 판단하는 과정 없이 경솔히 말하고 행동하는 것 모두 균형감을 잃었을 때 벌어지는 실수들이죠. 이로 인해 자신뿐 아니라 주변의 안정과 조화를 깨뜨리게 되는 거고요.

자신의 처지를 바라보는 관점, 상황에 따른 감정 상태, 일 처리 방식, 사람 대하는 자세, 말투, 옷차림, 식욕, 거주 공간, 소비성향 등 크고 작은 모든 일에 중용의 원칙을 적용할 수 있습니다. 어느 부분이 지나치고 어느 부분이 모자란지, 어디쯤에서 멈춰야 안정과 조화를 찾을 수 있는지. 중용은 공자가 추상적인 원리를 넘어 일상생활 속에서 적용하기를 권하는 실용적인 방법론이니까요.

"알맞음(中)과 꾸준함(庸)이 조화를 이룰 때 일상 속 안정감을 맛볼 수 있습니다."

오래된 말의 힘

중용中庸

중中은 어느 한쪽으로 치우치거나 기대어 있지 않아 지나치거나 모자람 없이 꼭 알맞은 상태를 말합니다. 용庸은 그런 바른 상태가 변하지 않고 꾸준히 지속되는 것을 말하고요. 즉, 중용은 극단 혹은 충돌하는 모든 상황에서 중간의 도를 택하는 현명한 자세를 뜻합니다. 이때 중간은 수량적인 중간치가 아니라 가치를 질적으로 비교해 최선성最善性의 위치에 서는 것을 의미하지요.

공자의 손자인 자사는 저서 《중용》(《대학》, 《논어》, 《맹자》와 함께 유가의 기본 경전인 사서에 포함)에서 인간 행위의 이상적인 기준으로 중용의 원리를 제시했습니다. 중용은 고대 그리스 철학에서도 중요하게 다루어진 개념입니다. 플라톤은 어디에서 그치는지 알아 거기서 머무는 것을 인식하는 것이 최고의 지혜라고 말했습니다. 아리스토텔레스는 마땅한 정도를 초과하거나 미달하는 것은 악덕이며, 그 중간을 찾는 것을 참다운 덕으로 파악했지요.

긍정적인 자극을
주는 사람

퇴사 후 고민에 빠졌습니다. 다시 취업을 할까 아니면 프리랜서든 창업이든 홀로서기를 해볼까. 맏이에 고집도 있고 독립적인 성격 탓에 늘 혼자 결정하는 게 익숙했습니다. 그래서 아무도 만나지 않고 방구석에 처박혀 인터넷 정보를 뒤지고 이리저리 뒤척이며 생각을 거듭했죠. 하지만 이번에는 결단이 쉽지 않았습니다.

우물쭈물 시간만 흐를 것 같아 일단 밖으로 나가보기로 했습니다. 생활비도 벌고 경험도 쌓을 겸 아르바이트를 시작했지요. 아침 시간도 확보하고 정보도 얻을 겸 교육 과정도 신청했습니다. 그리고 있는 인맥, 없는 인맥을 동원해 사람들을 찾아다녔습니다. 가족, 친척, 친구, 선후배, 예전 상사 등 기존 지인뿐 아니라 새로 알게 된 사람들에게도 고민을 털어놓고 의견을 물었죠.

대다수 사람들이 시큰둥하며 이런 반응을 보였습니다.

"네가 아직 배가 부르구나. 얼른 정신 차리고 취업 준비나 해라."

"더럽고 치사해도 따박따박 월급 받으며 일하는 게 최고지."

"요즘 불경기야. 창업하다 망한 사람이 얼마나 많은데."

그럴 때마다 마음이 불안해졌습니다. '그러게, 그동안 쌓인 회사 스트레스 때문에 내가 잠깐 현실감각을 잃었나? 한시라도 빨리 여기저기 이력서 내봐야 하는 건 아닐까?'

그런데 그중에 허를 찌르며 생각을 전환하게 해준 몇 사람이 있었습니다.

"본인이 제일 잘하는 게 뭐예요? 거기에 10년 더 투자하면 진짜 자기 것이 될 거예요. 그 능력 기르는 데 도움이 되는 일을 선택하세요."

"세상에 안정적인 게 있나요? 뭐든 변하는데요. 핵심은 변화를 받아들이는 내 태도죠. 변하는 건 당연하고, '나라는 사람은 그때마다 유연하게 변화하며 대처할 거다.' 이 확신이 있으면 뭘 해도 괜찮아요. 이미 내 마음이 안정적이니까요."

"어디서 무슨 일을 하건 수요자 요구에만 맞추면 가치가 떨어져

서 경쟁에 끌려 다니게 돼요. 그 니즈를 넘어서는 독보적인 콘텐츠를 만드는 데 집중해야죠. 가치가 높아져야 공급자인 나한테 파워가 생기고 경쟁에서 벗어날 수 있어요."

그 조언들을 곱씹으며 스스로를 되돌아봤습니다. 지금까지 무엇을 배웠고, 앞으로 무엇을 배워가야 할지. 덕분에 담담한 마음으로 홀로서기를 시작할 수 있었죠. 살아가면서 '멘토'라는 존재가 소중하다는 점을 그때 크게 깨달았습니다. 조언받은 만큼의 경지에 오르려면 아직도 갈 길이 멀지만, 힘 빠질 때마다 그 내용을 되새기며 한 발 한 발 앞으로 나아가는 중입니다. 감사한 마음으로요.

오래된 말의 힘

내 성장을 돕는
관계가 있습니다.

"군자는 무게 있게 행동하지 않으면 위엄이 없고, 배워도 견고해지지 못합니다. 진심과 신뢰를 근본으로 하고, 자기보다 못한 사람과 사귀지 말며, 허물이 있으면 고치기를 꺼리지 않아야 합니다."

《논어》, 〈학이 8〉

"제나라 대부 안평중은 남과 잘 사귀었습니다. 사귄 지 오래되어도 공경함을 잃지 않았습니다."

《논어》, 〈공야장 17〉

제자 증자가 말했습니다. "군자는 배움을 통해 친구를 모으고, 친구를 통해 어진 덕성을 기릅니다."

《논어》, 〈안연 24〉

제자 자공이 물었습니다. "마을 사람들 모두 그를 좋아한다면 어떻습니까?" 선생님이 말씀했습니다. "그것만으로는 안 됩니다."

"마을 사람들 모두 그를 싫어한다면 어떻습니까?" "그것
만으로는 안 됩니다. 마을 사람 가운데 선한 사람은 그를
좋아하고, 선하지 못한 사람은 그를 싫어하는 것만 못합
니다."

《논어》, 〈자로 24〉

제자 자로가 물었습니다. "어떠해야 선비라 할 수 있습니
까?" 선생님이 말씀했습니다. "선을 행하도록 격려하고, 화
목하게 지낸다면 선비라 할 수 있습니다. 친구에게는 선을
행하도록 격려하고, 형제와는 화목하게 지내야 합니다."

《논어》, 〈자로 28〉

"남이 나를 속일 거라고 미리 넘겨짚지 말고, 남이 나를 믿
지 않을 거라고 추측하지 마십시오. 그러면서도 남보다 먼
저 알아채는 것이 현명한 것입니다."

《논어》, 〈헌문 32〉

"더불어 말할·만한데도 말하지 않으면 사람을 잃을 것입

오래된 말의 힘

니다. 더불어 말할 만하지 못한데도 말하면 실언할 것입
니다. 지혜로운 사람은 사람을 잃지도, 실언을 하지도 않
습니다."

《논어》, 〈위령공 8〉

제자 자공이 어진 사람이 되는 방법을 묻자 선생님이 말
씀했습니다. "장인이 자기 일을 잘하고자 한다면, 반드시
먼저 연장을 잘 다듬어야 합니다. 어떤 나라에 살게 되면,
대부들 가운데 현명한 사람을 섬기고, 선비들 가운데 어진
사람과 벗해야 합니다."

《논어》, 〈위령공 10〉

"군자는 자긍심을 지니지만 남과 다투지 않고, 여러 사람
과 어울리지만 편을 가르지 않습니다."

《논어》, 〈위령공 22〉

"여러 사람이 그를 싫어해도 반드시 잘 살펴봐야 하고, 여
러 사람이 그를 좋아해도 반드시 잘 살펴봐야 합니다."

《논어》, 〈위령공 28〉

긍정적인 자극을 주는 사람

인격을 갖추는 배움의 길에서 '인간관계'를 빼놓을 수 없겠죠. 공자는 장인에게 잘 다듬어진 연장이 필수이듯, 어짊을 배우는 사람에게는 어질고 현명한 인간관계가 필수라 말했습니다. 스승, 선배 같은 손윗사람뿐 아니라 친구나 후배 관계에도 해당하는 얘기죠.

보통 친하고 편한 사이일수록 함부로 대하기 쉽습니다. 격의 없이 막 대해야 친한 거라고 오해하는 경우도 있고요. 공자 시대에도 그런 사람들이 있었겠죠. 그로 인해 관계 안에서 상처 받거나 실망한 마음에 멀어지는 사이도 있었을 거고요. 그래서 공자는 콕 짚어 말했습니다. 사람들과 원만한 관계를 유지하는 사람은 오랜 시간이 지나도 상대를 존중하는 마음과 자세를 잃지 않는다고요.

한 발 더 나아가 바람직한 인간관계는 어떤 걸까요. 공자는 도리를 깨우쳐 실천하는 일이 사람의 일생에서 가장 중요하다고 여겼습니다. 그래서 함께 배우며 서로의 삶에 긍정적인 자극과 도움을 주는 관계가 가장 바람직하다고 보았죠. 자기보다 못한 사람과 사귀지 말라는 말이 냉혹하게 들릴지도 모르겠습니다. 하지만 여기서 못하다는 뜻은 돈이나 지위 같은 물질적 기준이 아닙니다. 자신보다 품성이 바르고 상대를 배려하는 어진 사람들을 만나 곁에서 보고 배워야 한다는 의미죠. 그래서 훌륭한 사람을 보면 그냥 보내지 말고 배움의 기회로 삼으라 했습니다. 훌륭하지 못한 사람들과 너무 오랜 시간 대화하며 배움의 시간을 낭비하지 않도록 당부했고요.

이렇게 사람들과 어울릴 때 조심할 점이 있습니다. 자기만의 잣대로 사람을 평가해서 배척하는 실수이지요. 이런 태도는 소인이 사람들과 화합하지 못하는 원인이기도 합니다. 소인은 판단 기준이 자신의 이해관계이다 보니 상황에 따라 이리 붙었다 저리 붙었다 하는 모습을 보입니다. 그러다 결국 어느 누구와도 조화를 이루지 못하고 관계를 통한 성장의 기회를 놓치게 되지요.

　공자가 말하는 군자라면 어떨까요. 인간관계에서 군자는 어질면서도 지혜롭습니다. 사람의 도리를 알고 자기 입장에 비추어 상대를 배려하기 때문에 사람들과 조화를 이루지요. 그렇다고 타인에게 무조건 맞춰주는 건 아닙니다. 도리에 맞는지 판단해서 자신이 해야 할 일이라면 타인의 말과 행동에 흔들리지 않고 충실히 임하는 모습을 보이죠.

　사람을 판단할 때도 마찬가지입니다. 사사로운 감정에 치우치지 않고 도리에 합당한지 객관적으로 살피지요. 남들이 모두 싫다 해도 도리에 맞는 사람이면 좋아하고, 남들이 모두 좋다 해도 도리에 맞지 않는 사람이면 싫어합니다. 그래서 공자가 사람을 좋아하고 싫어하는 일은 어진 사람만이 제대로 할 수 있다고 말한 거죠.

　인격적인 배움, 사람의 도리라는 관점에서 인간관계를 바라보면 나 스스로 어떤 자세를 취해왔는지 돌아보게 됩니다. 상대에게 진심으로 대했는지? 내 입장처럼 상대의 입장을 고려했는지? 바른 성품을 전했는지? 화목하게 어울렸는지? 말과 행동을 조심했는지? 함께 배우고 성장했는지? 말입니다.

공자는 바깥으로 표현되는 게 경박하면 내면이 견고해지지 못한다고 했습니다. 내면이 견고하지 못하면 배운 것들이 모두 헛것이 된다고 했고요. 그래서 가벼운 사람보다는 무거운 사람이 되기를 권합니다. 신중하게 판단하고 매사에 충실하며 말을 아끼고 행동을 조심하는 모습을 뜻하죠. 외면의 모습에는 내면의 힘이 담겨서 사람들에게 믿음을 주고, 주변에 비슷한 사람들이 모이게 합니다. 지금 여러분 주변에는 어떤 사람들이 모여 있나요? 서로 배움을 주고받으며 함께 성장할 사람은 누구인가요?

"어진 사람은 어진 관계를 만듭니다. 어진 관계는 어진 사람을 키웁니다."

부화뇌동附和雷同

우레 소리에 맞춰 천지만물이 함께 울린다는 뜻으로 자신의 뚜렷한 소신 없이 그저 남이 하는 대로 따라가는 모습을 비유한 말입니다. 유가의 다섯 가지 경서 중 하나인 《예기禮記》〈곡례曲禮〉편, 아랫사람이 지켜야 할 예절을 설명하는 부분에 관련 내용이 포함돼 있죠.

"남의 의견을 자기 의견인 것처럼 생각하지 말고, 남의 의견에 동조하지 마십시오. 옛 성현들의 행동을 모범으로 삼고 선왕의 가르침에 따라 행동해야 합니다."

공자는 군자와 소인을 이렇게 대비했지요. 군자는 의를 숭상하고 남을 자신처럼 생각하므로 조화를 이루게 됩니다. 그러면서도 각자에게 주어진 역할에 충실하기 때문에 부화뇌동하지 않지요. 반면 소인은 이익을 따라 다니므로 이해관계가 맞는 사람끼리 행동하게 됩니다. 그러다 보니 다른 사람들과 조화를 이루지 못하는 거죠.

부화뇌동은 이렇게 자신의 주체적인 의견과 객관적인 기준을 도외시한 채 물질적인 이해관계 또는 남의 주장이나 의견을 맹목적으로 추정하는 모습을 경계하는 고사성어입니다.

퇴근길의
노자

02

하늘의 도는 편애하지 않습니다.
그저 선한 사람과 함께할 뿐입니다.

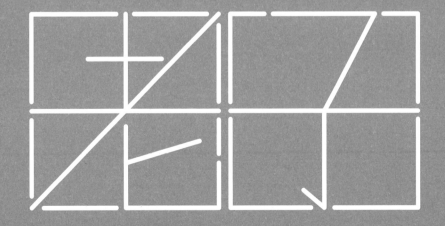

상식이 없는 거
아니야?

"과장님, 휴게실 한번 가보세요."

어이가 없다는 듯 고개를 절레절레 흔드는 직원의 모습에 무슨 일인가 싶어 커피 한잔 마실 겸 직원 휴게실로 향했습니다. 아니, 이게 무슨 상황이지? 처음에는 제 눈을 의심했습니다.

"어머나, 너무 귀여워요."
"애 웃는 것 좀 봐, 낯 하나도 안 가리네?"

직원들 서넛이 모여 돌도 안 돼 보이는 아기를 둘러싸고 있었던 겁니다. 그리고 그 아기는 부장님 품에 편안히 안겨 생긋생긋 웃고 있었고요. 황당해하는 제 표정을 봤는지 부장님이 웃으며 말을 건넸습니다.

"오 과장 어서 와요. 애기 한번 안아볼래요?"
"아, 과장님! 얘 좀 보세요. N 대리 판박이에요."
"N 대리 애기가 왜 여기 있어요? N 대리는 어디 갔고요?"
"지금 행사 진행하느라 강당에 가 있어요."

부장님은 아기를 다른 직원 품에 넘겨주고, 화난 듯 따져 묻는 저를 끌고 휴게실 밖으로 나갔습니다.

"부장님, 한창 바쁠 때인데 죄송합니다. N 대리가 평소에도 철이 없다 했지만 이 정도일 줄은 몰랐네요. 직장에 애를 데려오다니 상식이 있는 건지…… 행사 끝나면 따끔하게 얘기하겠습니다."
"이미 기죽어 있을 거예요."

점심식사 후 카페에 들른 부장님은 부인과 싸우고 있던 N 대리와 마주쳤다고 합니다. 일자리를 찾고 있던 N 대리의 부인이 면접을 보러 가야 하는데 아기를 맡길 곳이 마땅치 않아 2~3시간만 봐달라고 찾아왔던 거죠. 면접 보지 말라고 화내는 N 대리를 부장님이 달래서 아기와 함께 휴게실로 데려왔던 겁니다.

"조금 안타깝긴 해요. 왜 상황을 이렇게까지 만들었을까. 나라면 비용을 내서라도 어딘가에 맡겼을 텐데. 아니면 양해를 구해서 면접 시간을 조정하거나 둘이 잘 상의해서 미리 대책을 마련하지 않았을까. 그런데 또 한편으로는 아이 엄마 심정이 이해가 돼요. 오죽 급하면 그랬을까, 우리가 모르는 피치 못할 사정이 있었겠지. 저도 애기 키우면서 일할 때 힘들어서 매일 울었거든요."

행사 마치고 직원들 눈치 보며 자리로 돌아오는 N 대리를 보니 마냥 철없어 보이지만은 않았습니다. 한 아이의 아버지로, 한 집안의 가장으로 어깨가 무겁겠구나 싶더군요. 그래서 부장님의 당부대로 모른 척 입을 다물었습니다.

"N 대리에게 힘겨운 하루였을 테니 오늘은 그냥 넘어가줍시다."

오래된 말의 힘

한 면만 바라보면
안 보입니다.

세상 모두가 아름답게 보이는 것을 아름답다 여기니 추함
이 생겨납니다. 세상 모두가 선하게 보이는 것을 선하다 여
기니 선하지 않은 것이 생겨납니다.

있음과 없음은 서로의 관계에서 생겨났고, 어려움과 쉬움
도 서로의 관계에서 성립됩니다. 길고 짧음도 서로의 관계
에서 형성되고, 높고 낮음도 서로의 관계에서 비롯됩니다.
음악과 소리도 서로의 관계에서 조화를 이루고, 앞과 뒤도
서로의 관계에서 이루어집니다.

그래서 성인聖人은 무위로 일을 처리하고 말없이 가르침을
행합니다. 모든 일을 이루어지게 하고도 말하지 않고, 생
겨나게 하고도 가지려 하지 않습니다. 해놓고도 뽐내지 않
고, 공로를 쌓고도 주장하지 않습니다. 주장하지 않기에
공로를 잃지 않습니다.

《도덕경》, 〈도경 2장〉

남성다움을 알면서 여성다움을 유지하면 천하 만물이 모

여드는 골짜기가 됩니다. 천하의 골짜기가 되면 영원한 덕이 떠나지 않아 갓난아기의 상태로 되돌아갑니다.

밝음을 알면서 어둠을 지키면 천하의 모범이 됩니다. 천하의 모범이 되면 영원한 덕에 어긋남이 없어 무극無極으로 되돌아갑니다.

영화로움을 알면서 욕된 상태를 지키면 천하 만물이 모여드는 골짜기가 됩니다. 천하의 골짜기가 되면 영원한 덕이 충족되어 소박함으로 되돌아갑니다.

다듬지 않은 통나무를 쪼개면 그릇이 됩니다. 성인은 이런 이치를 활용해 지도자 역할을 합니다. 그러므로 크게 다스리려면 쪼개어 나눠놓지 말아야 합니다.

《도덕경》, 〈도경 28장〉

다스림이 어수룩하면 백성이 순박해지고, 다스림이 빈틈없으면 백성이 야박해집니다.

재앙 속에 복락이 깃들어 있고, 복락 속에 재앙이 숨겨져 있습니다. 누가 그 끝을 알겠습니까? 거기에는 정해진 것이 없으니 올바른 것이 변해 이상한 것이 되고, 선한 것이 변해 악한 것이 됩니다. 사람들이 이런 것에 미혹된 지 오래되었습니다.

이 때문에 성인은 반듯하지만 구분 짓지 않고, 예리하지만 상처 주지 않으며, 올곧지만 방자하지 않고, 빛이 있으나 눈부시지 않습니다.

《도덕경》, 〈덕경 58장〉

노자의 이야기를 접하면 허를 찔린 듯 마음 깊은 곳에서 '아……' 하는 감탄이 새어 나옵니다. 기존에 옳다고 믿었던 것, 정답이 있다고 고집했던 것들을 다른 시각으로 바라보게 이끌기 때문이죠. 대립된 것처럼 보이는 것들의 공존과 일치. 이 관점을 마주하는 순간 무언가를 새롭게 깨닫는 일이 '아름답다'는 생각마저 듭니다.

높음과 낮음, 밝음과 어둠, 재앙과 복락, 선과 악, 모든 것들이 고정돼 있지 않고 변화합니다. 다른 개체와의 관계 속에서 대립된 두 가지 속성을 모두 지닐 수 있습니다. 동일한 개체라도 A보다는 높고 B보다는 낮은 상태에 있는 거죠. 시간의 흐름 속에서 대립된 속성으로 변하기도 합니다. 동일한 사건이라도 A 상황에서는 재앙이었는데 B 상황에서는 복락으로 여겨지는 거죠.

이렇게 모순 또는 대립을 근본원리로 사물의 운동을 설명하는 관점을 서양 철학에서는 '변증법'이라 합니다. 개체 안에 모순이 포함돼 있지만 알아채지 못하다가(정正) 모순이 밖으로 드러나게 되고(반反) 이것들이 부딪치면서 종합 통일된 제3의 단계(합合)로 나아갑니다. 이 과정을 반복하면서 모순을 극복하고 진리에 가까운 것들을 찾아가는 거죠.

어떤 사건을 접했을 때 사람들은 보통 쉬운 길을 선택합니다. 상식이라고 여겨지는 보편적인 판단기준, 기존에 쌓은 개인의 지식과 경험에 의존해 평가를 내리는 거죠. 이건 맞고, 저건 틀리다 라고요. 그런데 누군가는 이게 틀리고, 저게 맞다고 생각할 수 있습니다. 이럴 때 서로 다른 기준을 보지 못하고 자기 기준만 고집하면 갈등과 반목이 일어나게 됩니다. 너와 내가 다르다고 갈라놓고 사소한 것 하나하나 시시비비를 따지는 사람들. 노자는 세상의 고통과 불행이 여기서 시작된다고 생각했습니다.

그래서 맞다 틀리다, 좋다 나쁘다 같은 이분법적인 사고에서 벗어나 양쪽 모두를 끌어안는 총체적인 안목을 지니라고 당부했지요. 이런 안목을 지닌 사람은 스스로의 기준은 바로 세우더라도, 그것을 표준으로 삼아 타인을 공격하거나 상처 주거나 따돌리지 않습니다. 상황의 변화와 흐름을 알기 때문에 행복이든 불행이든 어느 한쪽에 얽매여 감정을 허비하지도 않게 되지요. 노자는 사람들이 경계도 없고, 한계도 없는 '도道'의 모습을 닮아 조화와 공존을 이루기를 바랐던 겁니다.

오래된 말의 힘

"서로 다른 것들의 조화를 깨달은 사람에게는 세상의 인심이 모입니다. 모든 것을 품어 안는 골짜기에 물이 모이듯 말이죠."

성인聖人

도道를 체득한 사람을 말합니다. 도가의 이상적인 인간상인 성인은 윤리적으로 완벽한 사람이라는 차원을 넘어섭니다. 특이한 감지 능력을 활성화하여 만물의 근원과 참됨을 꿰뚫어보고 그에 따라 자유롭게 물 흐르듯 살아가는 사람을 의미하지요. 노자는 욕심과 집착을 없애고 만족할 줄 앎으로써 헛된 것들에 마음을 쓰지 않아야 도를 체득할 수 있다고 했습니다.

그 사람이
오래가는 비결

R은 신입 시절 눈에 띄는 직원은 아니었습니다. 남들이 좋다고 하는 대학 출신도 아니고, 입사시험 성적이 눈에 띄게 좋은 것도 아니었고, 수수한 외모에 말수도 적었죠. 그에 비해 상사들의 마음을 사로잡은 쟁쟁한 동기들이 있었습니다. 명문대 출신, 입사시험 최고득점자, 언변의 달인, 활달한 성격에 수려한 외모의 소유자 등.

그들이 각자 상사와 선배로부터 '일 잘한다, 센스 있다, 발표 최고다, 분위기 메이커다'라며 칭찬과 예쁨을 받을 때마다 R은 조용히 웃으며 함께 기뻐해주었지요. 동기들은 모두 R을 좋아했습니다. 자기 자랑할 때도, 서로 시기와 질투로 험담할 때도 입 무거운 R한테는 마음 편히 얘기할 수 있었으니까요.

R은 다소 느린 편이었습니다. 일을 배우는 데에도 사람들과 친해지는 데에도 남들보다 오랜 시간이 걸렸지요. 인사평가도 중위권이었고 동기들에 비해 진급도 조금씩 늦었습니다. 하지만 불평이나 싫은 내색을 보이지 않았습니다. 그저 맡은 일에 충실하며 모든 사람들과 두루두루 잘 지냈지요.

시간이 흐르면서 이런 R의 모습을 좋게 보는 선배와 상사들이 생겼습니다. 그들은 R을 '믿을 수 있는 사람'이라고 칭찬했지요.

"우리 회사에 가장 오래 남을 인재는 R이지."
"지금 있는 직원들 중에 R이 가장 높은 자리까지 올라갈걸?"

지지자 몇 명이 생겼다고 R의 회사생활이 계속 순탄했던 것은 아닙니다. 몇 차례 보직 변경이 있었고, 새로 맡은 업무 성과가 낮아 경고를 받은 적도 있고, 직속선배와의 마찰로 마음고생한 날들도 있었죠. 그만둬야 하나 고심한 일도 여러 차례지만 그때마다 마음을 다잡고 묵묵히 일한 지 어느덧 15년. 지금은 어엿한 팀장이되어 회사의 굵직한 업무를 책임지고 있지요.

"그때 이사님 말씀이 맞았네. R이 회사 지킬 인재라고 했는데."
"동기들이 쟁쟁해서 기죽을까 봐 하신 말씀이지. 나는 능력이 모자라서 자리를 지킨 것뿐이야."

퇴사한 동기들과 모인 자리에서 R은 늘 겸연쩍은 듯 말했습니다. 하지만 함께 일해본 동료라면 알고 있었지요. R과 같은 성품과 뚝심이라면 어떤 곳에서 어떤 사람들과 어떤 일을 하더라도 마침내 신임을 받게 될 거란 걸 말이죠.

오래된 말의 힘

진짜는
모자라 보입니다.

성인은 언제나 사람을 잘 도와 버리는 사람이 없고, 언제
나 물건을 잘 돌보아 버리는 물건이 없습니다. 이를 일러
밝음을 감춘다(습명襲明)고 합니다.

그런 까닭에 선한 사람은 선하지 않은 사람의 스승이고,
선하지 않은 사람은 선한 사람의 밑천입니다. 스승을 귀하
게 여기지 않거나 밑천을 아끼지 않는다면 스스로 지혜롭
다 여길지라도 크게 미혹된 것입니다. 이를 일러 도에 이르
는 심오한 이치(요묘要妙)라 합니다.

《도덕경》, 〈도경 27장〉

뛰어난 사람은 도를 들으면 부지런히 실천하고, 보통 사람
은 도를 들으면 반신반의하며, 어리석은 사람은 도를 들으
면 크게 비웃습니다. 그들이 비웃지 않는다면 도라고 하기
에 부족합니다.

그러므로 이런 격언이 있습니다. "밝은 도는 어두운 것 같
고, 나아가는 도는 물러서는 것 같고, 평탄한 도는 울퉁불

통한 것 같고, 최상의 덕은 낮은 골짜기 같습니다. 매우 흰 것은 더럽혀진 것 같고, 넓은 덕은 모자란 것 같고, 건실한 덕은 믿음직하지 못합니다. 참된 덕은 변한 것 같고, 크게 모난 것은 모서리가 없습니다. 큰 그릇은 늦게 이루어지고, 큰 소리는 들리지 않고, 큰 형상은 모양이 없습니다."

도는 숨어 있어 이름이 없지만, 오직 도만이 만물을 잘 돌보아 이루어지게 합니다.

《도덕경》, 〈덕경 41장〉

완전히 이루어진 것은 모자란 것 같지만, 그 쓰임은 쇠하지 않습니다. 완전히 채워진 것은 빈 것 같지만, 그 쓰임은 다하지 않습니다. 완전히 곧은 것은 굽은 것 같고, 완전한 기교는 서툰 것 같고, 완전한 언변은 어눌한 것 같습니다. 급한 움직임은 추위를 이기고, 고요함은 더위를 이깁니다. 맑고 고요함(청정淸靜)이 세상을 올바르게 합니다.

《도덕경》, 〈덕경 45장〉

장자莊子는 노자를 계승한 것으로 알려진 도가의 사상가지요. 그

오래된 말의 힘

의 저서 《장자》〈소요유逍遙遊〉 편을 보면 친구 혜자와 '쓸모'에 대해 이야기하는 장면이 나옵니다. 혜자는 바가지로 쓸 수 없는 박, 반듯한 목재로 다듬을 수 없는 나무를 쓸모없다고 평가합니다. 그러자 장자는 다른 관점을 제시하지요.

"너무 커서 쓸모없는 박은 호수에 띄워 배로 쓰면 되지 않습니까? 크기만 할 뿐 가지가 굽어 쓸모없는 나무는 들판에 옮겨 심어 그 그늘 아래서 노닐면 되지 않습니까?"

사회의 통념에 익숙했던 혜자는 시야가 좁아져 사물의 일면밖에 볼 수 없었던 거죠. 그런 혜자에게 장자는 기존 통념에서 벗어나 시야를 넓혀보라고 말한 거고요. 사물의 다양한 측면을 골고루 살필 줄 알아야 제대로 된 쓸모를 논할 수 있을 테니까요.

보통의 사람들은 혜자와 같은 관점을 가지고 살아갑니다. 사회적인 쓸모에 초점을 맞추느라 본질적인 쓸모를 알아보지 못하죠. 예쁜 그릇, 반듯한 목재로 보이려면 본래의 모습에 깎고 다듬고 꾸미고 채우는 인위적인 노력을 더해야 합니다. 이렇게 애쓰고도 정해진 규격에 맞추지 못하면 쓸모없다고 차별받게 되고요. 본래 지녔던 쓸모는 외면당한 채 버려지는 사물들, 소외받는 사람들이 생겨나는 이유입니다.

이런 사회 안에서 쓸모 있다고 평가받아 의기양양한 사람들, 쓸모없다고 평가받아 의기소침한 사람들을 보며 노자는 반문했습니다. '무엇에 근거한 쓸모입니까?'라고요. 사물이 버려지고 사람이 소외된다면 분명 잘못된 근거라고 생각했던 거죠.

사람이 정한 잣대는 모든 일에 정답과 오답이 있는 것처럼 한계를 짓습니다. 그로 인한 차별이 당연한 것처럼 분위기를 몰아가고요. 그 반면에 자연이 정한 잣대는 이런 한계와 차별을 무색하게 만들어버립니다. 어느 한편에 머물지 않고 언제나 순환하며 주변과 조화를 이루는 도의 특성에 따르기 때문이죠. 도의 눈으로 세상을 바라보면 사물의 다양한 측면이 종합적으로 눈에 들어옵니다.

그래서 선한 사람도 귀하게 대하지만 선하지 않은 사람도 소중히 대할 수 있는 거죠. 자기 언변을 늘어놓기보다는 상대의 말을 살피게 되고요. 자신과 다르다고 무시하거나 배척하기 어렵습니다. 그저 다름을 인정하고 자연스럽게 어울려 지낼 줄 알게 되지요. 자신의 역할은 다하지만 스스로를 드러내지 않고 모자란 듯 처신하고요. 겉보기엔 느리지만 안으로는 다양한 것들을 한결같이 포용할 수 있는 큰 그릇을 품게 됩니다.

노자는 도가 이름 없이 숨어 지내는 것처럼 도를 닮은 인격 역시 겉으로 드러나지 않고 내면으로 스며든다고 여겼습니다. 그래서 내적으로 충실하더라도 꾸미지 않은 외면 때문에 어딘가 모자라 보일 수 있는 거죠. 전체를 고려하는 신중함 때문에 단정 짓는 말, 단호한 행동을 조심하니 뭔가 시원찮게 느껴질 수도 있고요.

노자의 시대에도 많은 사람들이 서로 잘났다고 뽐내고 자기만 옳다고 주장하며 갈등했습니다. 그러면서 스스로도 상처 받고 주변에 문제를 일으키며 사라져갔지요. 그 모습을 보며 노자는 확신했던 겁니다. 온전하지만 부족해 보이는 것이 오히려 오래도록 살아남아 그 쓰임을 다한다는 것을요. 그래서 진정한 쓸모를 지키기 위해 밝음을 감추라 했고, 진정한 쓸모를 기르기 위해 맑고 고요한 마음을 유지하라고 당부했던 겁니다.

"숨겨진 쓸모를 알아보는 내적 안목을 길러야 합니다."

대기만성大器晚成

큰 사람이 되거나 큰일을 이루기 위해서는 많은 노력과 시간이 필요함을 나타내는 말입니다. 세상만사는 긴 안목으로 보아야 한다는 뜻도 담고 있지요. 본래 노자가 옛글을 인용해 도를 설명한 데서 유래했습니다. 이루어지기 어려울 만큼 큰 도를 표현했던 말인데, 다음과 같은 일화로 지금의 의미를 갖게 됐지요.

위나라 최염은 누구나 인정하는 훌륭한 장수였습니다. 그의 사촌 최림은 말재주도 없고 생김새도 볼품없어 친척들에게 무시를 당했지요. 하지만 최염은 보는 눈이 남달라 그를 어리숙하게 여기지 않았답니다.

"큰 종이나 큰 솥은 쉽사리 만들어지지 않는다. 사람도 그와 같아 큰 재주를 지닌 이는 쉽게 완성되지 않는다. 내가 보기에 너는 대기만성형이니 좌절하지 말고 꾸준히 노력해라. 그러면 틀림없이 큰 인물이 될 것이다."

그의 말대로 후일 최림은 황제를 보필하며 많은 공적을 이루었다고 합니다.

청정清靜

그릇된 생각과 사사로운 욕심이 없는 상태, 빈 마음을 나타내는 말입니다. 역사가 사마천은 자신의 저서 《사기史記》에서 노자의 가르침을 '무위자화 청정자정無爲自化 淸靜自正'이라고 표현했지요. 무위하면 저절로 교화되고 청정하면 저절로 올바르게 된다는 뜻입니다.

오래된 말의 힘

억지로 만들어내는
일의 결과

회의 참석 후 돌아온 지부장님 표정이 좋지 않았습니다.

"그걸 또 하라는 분위기네……."

"네? 왜요? 3분기까지 실적 많이 띄워놨잖아요."

"2본부가 바짝 따라와서 아슬아슬한가 봐. 본부장님 이번에 상
무 승진하셔야 되거든."

"3분기에 가오더 잡아놓은 거 반도 못 팔았는데요. 4분기까지 이
러면 내년에 힘들어요."

"아이고, 그걸 내가 모르나. 다른 지부도 난리야. 몇 억 단위로 물
건 쌓아놓은 곳도 꽤 된대. 그걸 어디 가져다 파냐고……."

영업본부 간 경쟁이 심해지면서 편법이 등장했습니다. 지부마다 물건이 팔린 것처럼 가짜 주문을 넣어 실적을 높여 잡는 거였죠. 물건이 한창 잘 팔릴 때는 이렇게 해도 별 문제가 없었습니다. 한두 달 안에 사놓은 물건을 처리할 수 있었거든요.

그런데 사정이 달라졌습니다. 이미 팔 만큼 팔렸고 경쟁자도 많아져서 예전처럼 높은 성장률을 기대하기 어려운 상황이었죠. 현실적으로는 영업 목표액을 낮춰 잡아야 하는데, 매년 상승된 목표치가 할당되었습니다. 가오더 때문에 실제보다 실적이 과도하게 잡힌 영향도 무시할 수 없었죠.

특히나 상무 자리를 놓고 본부장들 간에 경쟁이 붙는 바람에 지부마다 실적 달성 압박이 심해졌습니다. 실적을 높이지 못한 다수의 지부에서 울며 겨자 먹기로 가오더를 잡아야 했죠. 재고나 비용 처리에 대한 부담은 모두 지부에서 떠안아야 했고요. 지부장님들의 닦달에 영업직원들도 죽을 맛이었지요.

모두의 죽을 맛으로 실적을 높여 달성한 덕에 우리의 본부장님은 드디어 그토록 원하던 상무 자리에 올랐습니다.

"이게 다 우리 지부장님들 수고한 덕인 걸 내가 알죠. 이제 1본부 출신들이 이사, 상무, 전무까지 다해봅시다. 계속 같이 가야죠?"

회식 자리에서 외쳤던 상무님의 공약이 귓가에서 사그라지기도

오래된 말의 힘

전에 사건이 터져버렸습니다. '가오더 때문에 지부가 폐업 위기에 처했으며 임원 승진을 위한 실적 조작이 있었다'는 탄원이 본사에 접수된 거죠. 사태의 심각성을 깨달은 사장님이 진상 파악과 구조 조정에 직접 팔을 걷어붙였습니다. 관련된 지부장들이 징계를 받고 구조조정으로 여러 지부가 사라졌습니다. 조사 대상이 된 상무님은 결국 스스로 사임하는 절차를 밟아야 했고요.

지나치면
독이 됩니다.

넘치도록 가득 채우는 것은 적당할 때 그만두는 것만 못합니다. 너무 날카롭게 갈아두면 오래 보존할 수 없습니다. 금과 옥이 집안에 가득하면 지킬 수 없습니다. 부귀로 교만해지면 스스로 화를 부르게 됩니다. 공이 이루어지면 스스로 물러나는 것이 자연의 도리입니다.

〈도덕경〉, 〈도경 9장〉

세상을 취하고자 뭔가 해보려 한다면 내가 보기에 그것을 얻을 수 없습니다. 세상은 신묘해서 어찌해볼 수 있는 것이 아닙니다. 하려는 사람은 실패하고 잡으려는 사람은 잃게 됩니다. 만물은 어떤 것은 앞서가고 어떤 것은 뒤따릅니다. 어떤 것은 숨을 내쉬고 어떤 것은 들이쉽니다. 어떤 것은 강하고 어떤 것은 약하며, 어떤 것은 받쳐주고 어떤 것은 떨어뜨립니다.

그러므로 성인은 극단, 사치, 교만을 멀리하는 것입니다.

〈도덕경〉, 〈도경 29장〉

오래된 말의 힘

학문을 닦으면 날마다 더해지고, 도를 닦으면 날마다 덜어집니다. 덜어지고 또 덜어져 무위無爲에 이르니, 무위하면 하지 못할 것이 없습니다.

세상을 다스리려면 언제나 억지스러운 일을 하지 않아야 합니다(무사無事). 억지스러운 일을 꾸민다면 세상을 다스리기에 부족합니다.

〈도덕경〉, 〈덕경 48장〉

'노자, 도가의 창시자로 무위자연을 주장함.' 윤리시간에 이렇게 키워드만 뽑아서 암기했던 노자는 구름 타고 둥실둥실 떠다니는 신선 같은 이미지로 남아 있었습니다. 속세를 등지고 깊은 산속에 움막을 지어 도 닦으며 사는, 어쩌면 현실과는 동떨어진 은둔자의 모습이었죠.

그런데 《도덕경》을 찬찬히 읽으면서 이런 선입견이 무너졌습니다. 중국의 춘추전국시대, 여러 나라의 충돌과 약탈 속에 힘들어하는 사람들을 보면서 노자는 무슨 생각을 했던 걸까요? 사람들의 기준으로 '옳다, 좋다'고 여기는 것으로는 현실의 문제가 해결될 수 없다는 걸 깨달았던 겁니다. 그래서 사람을 제외한 만물들이 어떻게 문제없이 사는지에 주목했던 거죠.

도를 근원으로 만들어진 세상의 모든 사물은 본래부터 주어진 속성대로 살아갑니다. 이 속성에서 무언가를 일부러 더하거나 억지로 빼내려 하지 않지요. 자연의 이치에 따라 움직이기 때문에 함께 섞여 있어도 서로 간의 조화를 깨뜨리지 않고 평안한 상태를 지속할 수 있는 겁니다.

사람도 자연의 일부이므로 동일한 원리가 적용됩니다. 고통스러운 현실세계를 바꾸고 싶다면 인위적으로 뭔가를 해보려고 애쓸 필요가 없는 거죠. 그저 자연의 대처 방식을 본받아 내 생활을 바꿔 가면 됩니다. 노자는 자연의 이치를 거스르는 사람의 대표적인 행동으로 극단적인 것, 사치하는 것, 교만한 것을 꼽았습니다.

자연은 어느 한쪽으로 지나치게 치우치지 않습니다. 사람도 너무 채우거나 너무 비우거나, 너무 앞서거나 너무 뒤떨어지지 않도록 행동을 조절해야겠지요. 자연은 필요한 만큼만 유지합니다. 사람도 필요 이상으로 사치 부리거나 필요에 못 미치게 빈한하지 않아야 잃어버리지도 비굴해지지도 않습니다. 자연은 이로움을 만들어내면서도 그것이 공로인 줄 모릅니다. 사람도 무엇인가를 이루었다고 해서 칭찬을 기대하거나 교만해지지 않도록 조심해야 하는 거죠.

자신뿐 아니라 타인과의 관계에도 자연의 이치가 적용됩니다. 자연은 본래의 객관적 원칙에 따를 뿐, 사사로운 욕심 때문에 억지 일을 꾸미지 않습니다. 자기 욕심 때문에 남을 가혹하게 대하고, 안 해도 되는 일을 강제로 시키고, 남이 가진 것을 빼앗는 행동들이 억지스러운 일에 해당하지요. 노자는 자신과 타인의 본성을 훼손하는 모든 일들을 없애는 무위무사無爲無事의 방법으로 현실의 어려움을 해결하려 했던 겁니다.

"나에게도 남에게도 억지로 하는 일이 없으면 탈 나지 않습니다."

무위無爲

무위는 세상 만물의 근원이 되는 도의 존재 방식입니다. 이러한 도와 멀어진 사람은 편협한 지식, 한계가 있는 기교, 사사롭고 주관적인 의지에 얽매여 세상이 돌아가는 이치를 거스를 때가 많습니다. 이를 유위有爲, 인위有爲라 하지요. 노자는 이런 인위적인 행위의 오류를 깨닫고 집착에서 벗어나 자연의 이치에 순응해야 한다고 말했습니다. 자신을 정화해 본래의 자연스러움을 회복하고 사물의 본성에 따라 자연스럽게 행할 때 도에 가까워질 수 있다고 여겼던 거죠.

즉, 노자가 말하는 무위는 아무것도 하지 않는 것이 아니었습니다. 인간적인 억지스러움을 부정하고 자연의 이치에 그대로 따르는 진정한 행함을 실현하는 것이었죠. 따라서 정확히는 '함이 없는 함'(무위지위無爲之爲), 인위적으로 행하지 않는 자연스러운 행함으로 이해해야 합니다.

무사無事

다른 사람을 힘들게 하거나 다치게 하거나 근심스럽게 만드는, 억지스러운 일들을 없애는 것을 말합니다.

나는 맞고
너는 틀리다

온라인 플랫폼 구축을 위한 TF팀이 구성됐습니다. 기획 단계에서
부터 관련부서와 전문가의 의견을 반영해 활용도를 높여보자는
취지였지요. IT개발팀에서 설계한 초안을 놓고 몇 차례 회의가 이
어졌습니다.

　그런데 회의가 진행될수록 의견이 모아지지 않고 날선 공방만
거듭됐습니다. 격한 논쟁의 주축은 홍보팀의 S 선임과 IT개발팀의
T 선임. 플랫폼 활용 시 긴밀히 협조해야 할 두 팀의 담당자가 사
사건건 부딪치는 상황이었죠.

　"요즘 고객들은 심플한 거 좋아하는데 이건 너무 복잡하지 않

나요?"

"개발 페이지라 그렇지, 사용자 페이지는 다를 거고요. 홍보팀에서 주신 콘텐츠 자체가 복잡했습니다."

"보내주신 양식대로 정리하다가 지금 홈페이지랑 별 차이가 없어 보여서 차별화된 기능 좀 넣어달라고 추가한 건데요."

"그 기능 다 넣으려면 예산 초과돼요. 몇 개만 반영하고 쓸데없는 것들은 제외했습니다."

"핵심 기능을 다 빼셨던데. 그러면 고객들이 굳이 이 플랫폼을 이용할 이유가 없어지지 않나요?"

"기존 홈페이지랑 SNS 연동해서 고객 유입시킬 거고요. 이미 임원회의에서 플랫폼 성격은 승인 끝났기 때문에 관련 기능 개발하기에도 벅찹니다. 말한다고 뚝딱 만들어지는 게 아니에요."

"플랫폼 성격을 바꾸자는 게 아니고요. 똑같은 기능을 만들어도 고객들이 흥미 가지게 콘셉트를 잡아보자는 뜻인데……."

오늘도 회의는 합의점을 찾지 못한 채 흐지부지 끝나고, 두 선임 연구원의 하소연은 폭발했지요.

"이래서 IT 모르는 사람들하고 일하기 싫다니까. 다 만들어진 화면만 보니까 쉬워 보이지, 개발이 그렇게 말로 되는 줄 알아?"

"돈 들여 플랫폼 개발하면 뭐해? 유용하고 재밌어야 사람들이 쓰는 거지. 콘텐츠 성격에 시스템을 맞춰야지, 시스템에 콘텐츠를 맞추라는 게 말이 돼?"

양쪽 다 틀린 얘기는 아니니 선뜻 어느 한편을 들기도 어려웠지요. 제3자인 우리는 S 의견도 맞고 T 의견도 맞다는 걸 알겠는데, 왜 이 두 사람만 모르는 걸까요. 덕분에 다양한 의견을 반영해 최적안을 마련하겠다던 처음 취지는 무색해졌습니다. TF 기간 종료 이후에도 두 사람은 서로를 투명인간 취급하며 지냈고요.

오래된 말의 힘

고수는 남과
다투지 않습니다.

아는 사람은 말하지 않고, 말하는 사람은 알지 못합니다. 입을 막고 귀를 닫으며, 날카로움을 무디게 하고 얽힌 것을 풀어내며, 빛을 부드럽게 하고 먼지와 같아지니, 이를 일러 '오묘한 하나 됨(현동玄同)'이라 합니다.

그러므로 도를 터득한 사람은 가까이할 수도 없고 멀리할 수도 없습니다. 이롭게 할 수도 없고 해롭게 할 수도 없습니다. 귀하게 할 수도 없고 천하게 할 수도 없습니다. 그러기에 세상이 귀하게 여깁니다.

《도덕경》, 〈덕경 56장〉

적을 잘 이기는 사람은 적과 맞서지 않고, 사람을 잘 쓰는 사람은 자기를 낮춥니다.

이를 일러 다투지 않는 덕德이라 하고, 사람을 잘 쓰는 힘이라 하며, 하늘의 도리와 짝이 된다 하니, 예부터 내려오는 지극한 원리입니다.

《도덕경》, 〈덕경 68장〉

믿음직한 말은 아름답지 않고, 아름다운 말은 믿음직하지 않습니다. 선한 사람은 변론하지 않고, 변론하는 사람은 선하지 않습니다. 아는 사람은 박식하지 않고, 박식한 사람은 알지 못합니다.

성인은 쌓아두지 않습니다. 남을 위해 쓰는데 더욱더 갖게 되고, 남에게 주었는데 더욱더 많아집니다.

하늘의 도는 이로울 뿐 해롭지 않고, 성인의 도는 행하되 다투지 않습니다.

《도덕경》, 〈덕경 81장〉

누구나 자기만의 관점을 가지고 세상을 살아갑니다. 나와 생각이 같은 사람을 만날 때도 있고, 다른 사람을 만날 때도 있지요. 때로는 새로운 상황을 겪으며 기존에 가졌던 관점을 바꾸기도 합니다. 상대방이 처한 상황에 공감해 새로운 관점을 받아들이기도 하고요. 각자 살아온 나날들, 맞닥뜨린 현실이 다르니 경험도, 지혜도, 감정도 모두 '다르게' 형성될 수밖에 없습니다.

그런데 이것을 '틀리다'라고 받아들이는 순간 균형과 조화가 깨져 버립니다. 자신은 합리적, 윤리적, 상식적으로 판단하려고 노력하는데 남들은 그렇지 못하다고 생각하니 억울해지는 거죠. 그때

오래된 말의 힘

부터 무시하거나 핀잔주거나 화난 감정을 그대로 전달하는 방법을 동원해 타인의 생각과 행동을 고쳐보려 합니다. 상대방이 상처 좀 받더라도 '옳은' 것을 깨닫게 해줘야 한다는 미명 아래 말이죠.

하지만 이런 방식은 타인에게 불쾌감과 거부감만 줄 뿐입니다. 공격적인 당신에게 상대방도 방어 태세를 취하며 오히려 자기 견해를 굽히지 않으려 들지요. '함부로 말하고 행동하는 당신이 틀렸다'는 기분이 드니까요. 일터, 가정, 사회 속 인간관계에서 갈등과 분쟁이 끊이지 않는 이유입니다.

이렇게 여러 사람들의 관점과 주장이 난무하니 세상은 혼탁할 수밖에 없습니다. 노자는 그런 세상 속에서 '나만 혼자 맑다'며 선을 긋는 것은 어리석은 일이라고 여겼습니다. 세상과 나, 혼탁함과 맑음을 갈라놓고 한편으로 치우쳐 있는 모습이니까요.

도를 깨달은 사람이라면 혼탁한 세상에 녹아들어 진정한 현명함을 실천합니다. 날카로운 생각과 행동을 무디게 만들고 말을 아껴 하지요. 빛이 너무 밝으면 주변 그림자가 짙어진다는 것을 알기에 총명함을 숨기고 먼지처럼 주변 사람들과 어울려 지냅니다. 자연스럽게 섞여 있지만 남들처럼 친분, 이해, 귀천에 영향받지 않고 얽힌 문제들을 조용히 풀어갈 뿐이죠. 세상사에 동요도 연연함도 없는 그의 모습은 사람들의 궁금증을 자아냅니다. 그의 견해를 듣고 싶고 그의 언행에 동참하고 싶어지죠.

이렇게 나서지 않고, 다투지 않고 이기는 것이 진짜입니다. 사람을 쓸 때도 자발적으로 움직이게 해야 진짜 사람을 잘 쓰는 거고요. 능력을 과시하고 힘으로 강요하고 화를 낼수록 사람들의 자발성은 떨어집니다. 누군가에게 존중받으며 능력을 발휘하고 싶은 게 사람의 심리니까요. 남과 겨루려 들지 않고 겸손하게 자기를 낮추는 사람이 있다면, 그 곁으로 사람들이 모일 겁니다.

이런 심리를 이용해 아름답게 꾸민 말로 자신을 낮추는 척하는 경우도 많습니다. 실제로는 자기 이익과 지위를 챙기려는 꼼수다 보니 오래지 않아 들통나고 말지요. 노자가 살던 춘추전국시대에도 '자기를 바로 세우고 타인을 존중하고 조직을 발전시키고 세상을 이롭게 하겠다'는 아름다운 말들이 난무했습니다. 그러나 계속된 경쟁과 싸움이 그들의 언행이 거짓이었다는 걸 증명해주었죠. 아무리 좋은 글을 읽고 훌륭한 곳에서 배우고 큰 뜻을 품으며 스스로를 갈고닦았어도 실생활에서 주변과의 조화를 깨뜨리는 일이 반복된다면 아무 소용없습니다.

그래서 노자는 좋은 말, 훌륭한 공부, 세련된 행동보다 소박한 본바탕을 강조했던 겁니다. 머리로 따지기 전에 그저 당연한 듯 남에게 양보하는 상태. 남과 겨루거나 이겨보겠다는 감정적인 동요가 없는 상태. 이런 소박함이 회복되면 자기가 맞다는 걸 증명하기 위해 변명하고 논쟁하고 싸우는 일들이 사라질 겁니다. 자기를 내세우며 다투지 않으니 원망 살 일이 없고, 양보하며 조화를 이루니 환영과 지지를 얻을 수밖에 없지요. 그래서 싸우지 않아도 이기고,

쌓아두지 않아도 점점 더 많아지는 역설의 진리가 가능해지는 겁니다.

"남과 다투지 않는 사람은 하늘의 단짝이 됩니다."

> **덕德**
>
> 도가에서 말하는 덕은 만물의 근원인 도로부터 만물에 부여된 본성을 말합니다. 만물이 지닌 생명력, 내재한 자연성, 타고난 능력을 뜻하지요. 덕은 도의 작용이고, 도의 결과이며, 도가 드러난 것입니다.
>
> 도가 뛰어난 추상성과 초월성을 지녔다면, 도의 작용인 덕은 구체성과 실용성을 지니고 있습니다. 도를 따라 살면 내가 얻게 되는 것(得)이 덕이지요. 사사로운 욕심과 경쟁심을 버리고 무위자연의 삶을 터득하면 세상의 깊고 오묘한 도리 또는 깊이 간직하여 드러나지 않는 덕인 현덕玄德을 이루게 됩니다.
>
> 무위, 무욕한 자연의 흐름에 따르는 것이 덕을 얻는 길이며 동시에 도를 따르는 삶인 거죠. 이처럼 도와 덕은 하나로 결합되므로 어느 것이 도의 영역이고 어느 것이 덕의 영역인지 엄격하게 구분하기 어렵습니다.
>
> 그래서 노자가 남긴 글을 '도덕경道德經'이라 불렀고, 도와 덕을 논하는 사람들을 '도덕가道德家'라 부르다가 줄여서 '도가'로 칭했던 거죠.

칭찬은 네 몫,
실수는 내 몫

"이게 다 뭐예요?"
"부장님 전 직장 직원들이 보낸 선물이래요."

화분, 꽃다발, 예쁘게 포장된 초콜릿에 직접 쓴 손편지까지. 사무실 테이블 한편에 가득 쌓인 선물들을 보며 의아했습니다.
'관련 업종이나 회사도 아니고 떠난 사람한테 뭘 이렇게까지?'
마침 방문객 중 비슷한 또래로 보이는 직원이 있기에 배웅하며 넌지시 물었습니다.

"부장님이 예전 회사에서 인기가 많으셨나 봐요?"

"네, 엄청요. 이유는 같이 일해보시면 알아요."

반년도 지나지 않아 그 이유를 알게 됐습니다. 업무담당자를 전문가로 인정하고 사업 기획과 운영을 믿고 맡겼지요. 대신 진행에 어려움을 겪는 부분은 부장님이 도맡아 처리했습니다. 임원진 설득, 관련부서 협조, 외부업체 협상에, 필요하다면 현장 방문까지 동행해주었죠. 대부분을 믿고 맡기되 필요할 때만 조언하고 수정·보완을 요청하니 직원들도 귀담아듣지 않을 수 없었습니다.

"부장님 새로 오고 이번 사업성과가 좋아졌어요."
본부장님의 칭찬에 부장님은 제 쪽을 쳐다보며 말했습니다.
"감사합니다, 본부장님. 오 팀장이 담당이라 고생이 많았습니다."
담당 사업도 잘되고 칭찬도 받아 뿌듯하면서도 쑥스러운 마음에 "이게 다 부장님 덕분이죠"라고 말하니 부장님은 의아하다는 듯 되물었습니다.
"오 팀장이 다했잖아요? 나는 오 팀장이 하자는 것만 했는데요?"

"이렇게 처리해도 문제없어요? 이거 누가 담당이에요?"
본부장님이 화낼 때는 부장님 선에서 문제를 떠안곤 했지요.
"죄송합니다, 본부장님. 제가 검토할 때 생긴 문제라 회의 후 부연 자료와 함께 보고 드리겠습니다."

실수한 부분을 부장님이 발견해서 수정한 후 저는 노심초사하며 보고를 마치고 나온 부장님 눈치를 살폈습니다.

"오 팀장, 별일 없으니까 보고한 대로 진행하면 돼요."

일을 잘하든 못하든, 성격이 드세든 유약하든, 부장님과 함께 일하는 직원들에게는 회사생활이 지옥 같지 않았습니다. 직원들이 부장님 스타일에 맞추는 게 아니라 부장님이 직원 각자의 스타일에 맞춰주었으니까요. 그러다 보니 업무 지도를 받는데도 일로만 평가받는 게 아니라 사람으로 존중받는 기분이 들곤 했지요. 아마전 직장 직원들이 보낸 선물도 상사가 아닌 친하게 지내고 싶은 인생 선배에게 전하는 마음이었을 겁니다.

자기를 낮추고
남보다 뒤에 서면 평안해집니다.

최고의 선은 물과 같습니다(상선약수上善若水). 물은 만물을 이롭게 하면서도 다투지 않고, 모두가 싫어하는 곳에 머뭅니다. 그러므로 도에 가깝습니다.

낮은 곳에 머물고, 마음을 깊고 고요하게 하고, 사람을 어질게 대하고, 말을 믿음 있게 하고, 바르게 다스리고, 일할 때 능력을 발휘하고, 행동은 때에 알맞아야 좋습니다. 다투는 일이 없으니 허물도 없습니다.

〈도덕경〉, 〈도경 8장〉

말을 적게 하는 것이 자연(自然)입니다. 회오리바람도 아침 한나절을 넘기지 않고, 소나기도 하루 종일 쏟아지지 않습니다. 누가 이렇게 합니까? 하늘과 땅입니다. 하늘과 땅도 이처럼 오래 계속할 수 없는데, 하물며 사람은 어떻겠습니까?

그러므로 도를 따르는 사람은 도 있는 사람을 만나면 그 도와 어우러지고, 덕 있는 사람을 만나면 그 덕과 어우러

지며, 도와 덕을 잃은 사람을 만나도 그 잃음과 어우러집니다.

도와 어우러진 사람은 도 역시 기꺼이 얻고, 덕과 어우러진 사람은 덕 역시 기꺼이 얻으며, 잃음과 어우러진 사람은 잃음 역시 기꺼이 얻습니다. 사람 간에 신뢰가 부족하니 불신이 생기는 것입니다.

《도덕경》, 〈도경 23장〉

강과 바다가 모든 골짜기의 왕이 될 수 있는 까닭은 스스로 잘 낮추기 때문입니다. 그래서 모든 골짜기의 왕이 될 수 있습니다. 백성의 위에 있고자 하면 반드시 스스로를 낮추어 말하고, 백성의 앞에 서고자 하면 반드시 자신을 그들의 뒤에 두어야 합니다.

그러므로 성인은 위에 있어도 백성이 부담스러워하지 않고, 앞에 있어도 해롭게 여기지 않습니다. 그래서 세상 사람들이 즐거이 받들고 싫어하지 않습니다. 다투지 않으니 세상에 아무도 그와 다툴 수 없습니다.

《도덕경》, 〈덕경 66장〉

《도덕경》에서 도의 모습을 표현하는 최고의 상징은 '물'입니다. 노자님은 물처럼 사는 것이 도를 따라 사는 모습에 가장 가깝다고 생각했습니다. 물이 지닌 세 가지 속성 때문이지요. 이롭게 하고, 낮은 곳에 머물고, 다투지 않는 것.

물처럼 살려면 고요하고 단순한 본래의 성품을 회복해야 합니다. 고요한 성품을 지니면 어떤 상황에서도 마음이 쉽게 동요되지 않고, 아무 때나 감정을 분출하지 않지요. 시비를 따지겠다며 말을 많이 하지도 않습니다. 마치 속을 헤아릴 수 없는 깊은 연못처럼요. 단순한 성품을 지니면 사사로운 욕심을 부리지 않으니 일부러 애써서 하는 일이 없습니다. 자기 역량을 발휘해 도움이 되고도 티 내거나 보답을 기대하지 않고요. 모든 것을 품는 넓은 바다처럼 말이죠.

이런 성품을 유지하면 남들과 다툴 일도 없고, 남들에게 흉잡힐 일도 없으니 평안하게 살 수 있습니다. 상황이 좋을 때만 평안한 건 아닙니다. 상황이 나빠도 억울해하거나 남에게 책임을 떠넘기지 않으니 허물이 생기지 않지요. 좋은 사람을 만날 때만 평안한 것도 아닙니다. 어느 누구를 만나든 자기를 내세우거나 자기주장만 고집하지 않으니 싸움이 이루어지지 않지요. 실제로 좋은 운을 타고났다기보다 좋은 성품 덕에 삶이 평안해지니 운이 좋아 보이는 겁니다.

조화로운 성품과 행동이 자연스러워지려면 마음을 텅 비우고,

자기를 잊어버리고, 의식적으로 애쓰는 일이 없어야 합니다. 이렇게 되기로 마음먹고 목표를 세워 한두 번 노력한다고 되는 일은 아닙니다. 물이 어떤 목적 때문에 스스로를 낮추고 만물 뒤에 서는 것이 아니니까요. 그저 자기 본성에 따라 자연스럽게 그런 거죠.

사람들은 보통 무언가를 이루겠다, 남들에게 인정받겠다는 욕망을 품고 어떻게든 잘해보려 애쓰며 삽니다. 이렇게 사사로운 욕심을 품은 상태에서는 마음을 비우려 해도 비워지지 않지요. 자기를 잊으려 할수록 자기가 더 드러나고, 무심한 척하지만 엄청나게 신경 쓰며 노력 중인 겁니다. 아무렇지 않은 듯 상대방도 속이고, 자신도 속이고 있을 뿐이죠.

노자는 이렇게 욕심을 품은 사람들이 쉽게 변하지 못한다는 걸 알았습니다. 그래서 그들에게 변화를 기대하기보다 욕심의 결과를 강조했지요. 사사로운 욕심은 잠시 동안 잘돼 보여도 결국 이루어지지 못하게 작동하는 것이 자연의 도리라는 걸 말해주고 싶었던 겁니다.

좋은 뜻을 이루겠다는 명목으로 사람들을 괴롭히거나 불편하게 만들면 공격받거나 외면당하게 됩니다. 남보다 자꾸만 위에 오르려 하면 그것을 부담스럽게 생각하는 사람들이 생기고, 남보다 자꾸만 앞에 서려 하면 그것을 방해된다 여기는 사람들이 생기니까요. 자기 입장에서 애쓰면 애쓸수록 처음 품었던 뜻에서 점점 더 멀어지게 되는 이유죠.

결국 자신을 오래도록 보존하고 성취나 성공을 이루고자 한다면 자기를 낮추고 남들 뒤에 설 수밖에 없는 겁니다. 사사로운 욕심을 버리는 것이 남뿐만 아니라 자기를 위한 해답임을 알게 되는 거죠. 본래 그러한 자연의 이치가 마음에 와 닿아야 욕심을 놓아버리는 일이 좀 더 수월해지겠죠. 이런 방식으로 내면의 성품이 본성에 가까워지면 외부로 나타나는 태도와 행동은 자연스럽게 바뀌게 됩니다. 물이 본성 그대로 따르듯이 말이죠.

"남보다 자신을 낮추는 것은 결국 자신을 위한 것입니다."

상선약수上善若水
노자가 무위 사상을 물의 성질에 비유한 말입니다. 물은 만물을 이롭게 하면서도 스스로를 낮추며 다투지 않는 겸허謙虛와 부쟁不爭의 덕을 지니고 있지요. 물의 이런 특성은 선의 표본으로 여겨졌습니다.

오래된 말의 힘

함께 만든 것을
독차지하다니!

Z 회사는 중소기업이지만 지역에서는 꽤 알려져 있었습니다. 명망 있는 지역유지가 창립한 이래 3대에 걸쳐 운영되었기 때문이죠. 작고한 창립주는 지역사회 기여에 평생을 바쳐 존경을 받았습니다. 그의 아들인 전임 사장은 청렴한 생활로 유명했고요.

전임 사장은 직원, 협력업체와 성과를 나누는 것이 상도라고 여겼습니다. 전 직원에게 회사 사정을 투명하게 공개했고, 회사 측에서 먼저 적합한 처우를 제시했지요. 말단직원으로 입사해도 본인만 열심히 하면 책임자 자리에 오를 기회도 충분했습니다. 공정한 계약관계로 오랜 기간 거래를 유지해온 협력업체들이 많았고, 업계 내 평판도 좋았지요. 규모가 크거나 연봉이 많이 높지는 않았지만, 직원들이 신뢰를 갖고 오래 근속하는 회사였습니다.

전임 사장이 지병 악화로 갑자기 퇴임하고, 막내아들이 사장으로 취임하면서 회사 분위기가 급변했습니다. 기존의 방어적인 경영 방식이 마음에 들지 않았던 신임 사장은 공격적인 경영으로 회사를 크게 키우겠다는 포부를 드러냈지요. 곧바로 사업 다각화를 진행하고 공장을 증축했습니다. 수익성 향상을 위해 대규모 지자체 사업에도 뛰어들고, 협력업체 납품가 인하, 임금동결 등 원가절감 조치를 강화했습니다. 외부 인사를 영입하면서 지역 출신 책임자 일부를 구조조정하기도 했습니다.

목표 규모 이상으로 성장할 때까지 함께 희생을 감수하자는 회사의 방침에 직원들은 예전처럼 묵묵히 동참했습니다. 그 결과 매해 조금씩 성장세가 나타났고, 직원들은 예전과 같은 성과 공유를 기다렸지요. 하지만 해가 바뀔 때마다 회사 측에서는 아직 사정이 어렵다며 성과 보상을 유보했습니다.

그러던 중 뇌물공여 혐의로 사장이 경찰 조사를 받는 사건이 터졌습니다. 지자체 사업 수주를 위해 공무원에게 뇌물을 제공한 사실이 발각된 거죠. 조사 과정에서 회사 자금을 횡령한 혐의도 드러났고요. 사내에서도 재무 담당자의 폭로로 사장을 포함한 일부 임원진에게만 별도의 성과급이 계속 지급됐다는 사실이 밝혀졌습니다.

함께 회사를 키우기 위해 믿고 기다려온 직원들은 실망을 넘어

　　　　　　　　　　오래된 말의 힘

배신감을 느꼈습니다. 좋을 때든 나쁠 때든 똘똘 뭉쳐 회사를 지켜
온 구성원들의 결속력은 와해되었고, 그동안 쌓아올린 지역 내 명
성도 훼손되었습니다. 주변의 신뢰를 잃고 책임자도 공석인 상황
에서 성과는 곤두박질쳤지요. 자기만 생각하는 섣부른 욕심이 창
립 이래 최대의 위기를 불러온 겁니다.

공평한 곳에는
원망과 다툼이 없습니다.

비움에 이르기를 지극히 하고, 고요함 지키기를 독실히 하십시오. 만물이 어울려 생장할 때, 나는 그들의 되돌아감을 봅니다.

만물은 무성하게 자라지만, 각자 본래의 뿌리로 돌아갑니다. 본래의 뿌리로 돌아가는 것을 고요함이라 하고, 이것은 제 명을 찾아가는 것입니다. 제 명을 찾아가는 것을 영원한 진리라 하며, 영원한 진리를 아는 것이 밝아짐입니다. 영원한 진리를 알지 못하면 함부로 행동하여 화를 초래합니다.

영원한 진리를 알면 포용하고, 포용하면 공평하고, 공평하면 왕과 같고, 왕과 같으면 하늘과 같고, 하늘과 같으면 도와 같습니다. 도와 같으면 오래 가니, 죽을 때까지 위태롭지 않습니다.

《도덕경》, 〈도경 16장〉

하늘의 도는 활을 당기는 것과 같습니다. 높은 데를 누르

오래된 말의 힘

고 낮은 데를 올립니다. 남으면 덜고 모자라면 보탭니다.
하늘의 도는 남는 것을 덜어 모자란 것에 보태지만 사람의
도는 그렇지 않아 모자란 것을 덜어 남는 것에 바칩니다.

《도덕경》, 〈덕경 77장〉

큰 원한은 풀어주어도 반드시 원망이 남으니 어찌 잘했다
고 하겠습니까? 그러므로 성인은 좌계左契를 갖고 있어도
다른 사람을 독촉하지 않습니다.
덕이 있는 사람은 좌계만 갖고 있고, 덕이 없는 사람은 강
제로 징수합니다.
하늘의 도는 편애하지 않고 항상 선한 사람과 함께 합니다.

《도덕경》, 〈덕경 79장〉

　자연의 이치는 공평합니다. 높은 것은 낮아지게 하고, 남는 것은
덜어내 모자란 데 보태지요. 그래서 늘 균형이 맞춰집니다. 노자는
사람도 이러한 자연의 이치대로 살아야 한다고 강조했지요. 불균
형으로 인해 나타나는 문제들을 없애고 싶다면 말이죠. 남는 곳에
서 모자란 곳으로 재물의 분배가 균등하게 이루어지면 불만을 가
질 사람이 없습니다. 남아돌거나 버려지는 물건도 없겠지요. 지위

의 높고 낮음과 상관없이 공평하게 대우받으면 싸울 일도 없습니다. 어느 누구도 소외되지 않으니까요.

하지만 사람들은 자기만 생각하는 욕심 때문에 자연과는 늘 반대로 움직입니다. 높아지면 더 높아지려 하고, 많으면 더 쌓아두려 하지요. 이미 강하고 높고 많은데도 자기보다 약하고 낮고 적은 사람들을 헤아리지 못합니다. 그들을 무시하거나 박탈감을 느끼게 하거나 이용하려 들지요. 그로 인해 역사 이래로 불공평하고 불평등한 상황이 반복되어왔습니다.

노자가 내내 '도'를 강조한 이유는 이렇게 편협해진 사람들의 시야를 넓히기 위해서죠. 자연의 이치, 곧 인생의 이치가 '돌아감'에 있음을 깨닫는 것입니다. 세상의 모든 만물은 무성하게 뻗어나갈 것만 같지만, 결국에는 본래의 뿌리로 돌아갑니다. 자신과 타인이 관련 없는 것 같고, 지금 남보다 조금 더 잘나가는 것이 세상 최고인 것처럼 느껴지지만 종착지는 하나죠. 서로 다르게 보이는 것들이 하나로 통일되는 자연의 움직임은 내 삶과도 무관하지 않습니다. 자기를 사람답게 수양하는 것, 주어진 역할과 맡겨진 임무에 충실히 하는 것, 사람들과 조화롭게 어울리는 것 등 일상의 크고 작은 일들이 도를 터득하는 문제와 연관됩니다.

혼자 동떨어져 존재한다고 여겼던 자신마저도 도의 일부라는 사실에 밝아지면 삶을 대하는 태도가 바뀔 수밖에 없습니다. 쪼개지고 분리된 것으로 보였던 것들이 이어지고 합쳐지는 흐름을 이해

오래된 말의 힘

하게 되니까요. 좋은 것과 나쁜 것, 자신과 타인, 삶과 죽음을 구분하는 일에서 자유로워집니다. 그런 사람에게 자기 존재를 인정받기 위해 안달복달하거나 자기 몫을 좀 더 챙기겠다고 남들과 다투는 일이 무슨 소용 있을까요. 어떤 상황에서도 너그러워지고, 누구에게나 공평해질 따름이죠.

너그럽고 공평한 사람에게는 원망이나 원한이 따르지 않습니다. 노자는 사람들이 가장 민감해하는 돈 문제로 이 상황을 비유했습니다. 덕이 있는 사람은 돈을 빌려준 입장이어도 빌려줬다고 생색내거나 못 받을까 봐 안달복달하지 않습니다. 반면 덕이 없는 사람은 못 갚으면 큰일 난다고 위협하거나 빨리 갚으라고 재촉하며 온갖 티를 내지요. 강제로 빼앗는 일도 서슴지 않고요.

전자는 자기 책임에 충실하며 타인에게 이로운 영향을 미치는 사람을 나타냅니다. 후자는 자기 책임은 고려하지 않고 남들이 져야 할 의무만 강요하는 사람을 나타내지요. 불공평하거나 불합리하게 느껴지는 상황이 반복되면 사람들 마음에 원망이 싹틉니다. 원망이 커지면 다툼이 생기고, 다툼으로 해결되지 않으면 원한으로 쌓이지요. 사과해서 풀어준 것 같아도 앙금이 남습니다. 원망살 일을 애초부터 하지 않는 것이 중요한 거죠.

자연의 도리에는 편애하는 마음이 없습니다. 도를 따르는 사람도 마찬가지죠. 노자는 친밀한 감정에 치우쳐 일부러 돕는 것을 특히나 경계했습니다. 특정 사물, 타인만이 아니라 자신에게도요. 그래야 어떤 상황에서도 공평할 수 있으니까요. 자연의 도리는 특혜나 배려 없이 모두의 곁을 흘러갑니다. 그 흐름에 발맞추는 선한 사람과 그 흐름을 알지도 못하고 관심도 없는 선하지 못한 사람이 있을 뿐이죠. 도와 가까워지는 것은 사람의 몫이고, 그로 인해 알게 되는 평안과 자유는 도가 공평하게 베푸는 혜택입니다.

"공평한 혜택은 공평한 사람만이 누릴 수 있는 특권입니다."

좌계左契

옛날 중국에서는 계약의 증거물로 나무나 종잇조각에 글씨를 써서 두 조각을 내었습니다. 그중 좌계는 채권자가, 우계는 채무자가 각기 소지했다고 합니다.

노자가 성인을 채권자에 비유한 것은 채무자인 사람들에게 혜택을 베풀어주는 사람이라는 뜻으로 해석할 수 있습니다. 덕을 갖춘 성인은 자신이 혜택을 베풀어주는 입장이라도 스스로의 책임과 의무만 고려할 뿐, 혜택받는 타인에게 책무를 부과하거나 강요하지 않는 거죠.

오래된 말의 힘

왜 자꾸만
섭섭할까?

"여행 잘 다녀왔어요?"

"말도 마세요. 다시는 가족들하고 여행 안 갈 거예요."

"무슨 일 있었어요?"

"여행 일정부터 준비물까지 제가 다 챙겼는데, 고맙다는 말은커녕 일정대로 따르지도 않고 투정만 잔뜩 부려서 마음 상했어요."

"그 친구는 잘 지내요?"

"의리 없는 것 같아서 연락 끊으려고요."

"본인하고 비슷해서 죽이 잘 맞는다고 하지 않았어요?"

"그런 줄 알고 좋은 일이든 나쁜 일이든 맞춰주고 챙겨줬는데,

그 친구는 저한테 안 그러더라고요. 빈정 상해서 이제 맞추지도 않고 챙기지도 않으려고요."

"애인하고는 화해했어요?"
"아니요, 바쁘고 힘든 건 알겠는데 제가 공들이는 것에 반만큼도 저한테 안 해주는 것 같아서 마음이 안 풀려요."
"사업 시작한 지 얼마 안 됐으니 조금 기다려주면 어때요? 애인 바쁜 동안 자기도 개인 시간 좀 가져보고요."
"챙길 것들이 눈에 자꾸 밟히는 걸 어떡해요. 저는 바쁜 시간 쪼개서라도 챙기는데, 마음이 없으니까 안 챙기는 거 아닐까요?"

"조직 개편은 잘 끝났어요?"
"믿는 도끼에 발등 찍혀서 의욕 상실이에요."
"마음에 안 드는 부서로 발령 났어요?"
"아니요. 팀장이 저는 그대로 남겨두고 다른 직원 데리고 부서 이동했더라고요. 제가 그 직원보다 일을 못하는 것도 아니고, 평소에 팀장 하소연 다 들어주면서 따랐는데…… 배신감 느껴요."

U는 다른 사람 때문에 섭섭하고 속상한 일이 많았습니다. 자신은 늘 타인에게 최선을 다하는데, 타인은 자신에게 최선을 다하지 않아서였죠. 하지만 더 깊은 이야기로 속사정을 들여다보면, U는

오래된 말의 힘

자기 입장에 갇혀 타인의 입장을 제대로 보지 못했습니다.

U의 가족들은 일정이 짜인 관광보다 여유로운 휴식을 원한다고 말했었죠. U가 다른 친구와 싸웠다고 해서 U의 친구도 그 친구를 멀리할 순 없는 노릇이었고요. 경제적으로 불안정하다며 습관적으로 타박하는 U의 말에 애인은 늘 마음이 조급했습니다. 팀장은 친분이 아니라 일의 성격으로 직원을 배치했을 뿐이고요. U는 스스로 타인을 챙긴다고 여기지만, 실제로는 '타인을 잘 챙기는 나', 그래서 '타인에게 인정받는 나'를 챙기고 있는 걸지도 모릅니다.

내가 했다는
의식을 버려야 합니다.

휘면 온전해지고 구부리면 곧아지고 움푹하면 채워지고 낡으면 새로워지고 적으면 얻게 되고 많으면 미혹됩니다. 그래서 성인은 하나의 원칙인 도를 품어 세상의 본보기가 됩니다. 자기를 드러내지 않으니 밝아지고, 자기를 옳다 하지 않으니 돋보이며, 자기를 자랑하지 않으니 공로를 인정받고, 자기를 뽐내지 않으니 오래갑니다.

다투지 않으니 세상에 그와 다툴 자가 없습니다. 휘면 온전해진다는 옛말이 어찌 빈말이겠습니까? 진실로 온전함에 돌아가는 것입니다.

〈도덕경〉, 〈도경 22장〉

발끝으로 선 사람은 오래 서 있지 못하고, 다리를 크게 벌려 걷는 사람은 오래 걷지 못합니다. 자기를 드러내는 사람은 밝아지지 않고, 자기를 옳다고 하는 사람은 돋보이지 않습니다. 자기를 자랑하는 사람은 공로를 인정받지 못하고, 자기를 뽐내는 사람은 오래가지 못합니다. 도의 입장

오래된 말의 힘

에서 보면 이런 일들은 먹고 남은 음식이나 군더더기, 혹과 같은 행동입니다. 만물이 싫어하므로 도를 지닌 사람은 이를 멀리합니다.

《도덕경》, 〈도경 24장〉

큰 도는 널리 흘러 여기저기 넘쳐 있습니다. 만물이 이에 의지해 살지만 마다하지 않으며, 공을 이루어도 이름을 내세우지 않습니다. 만물을 입히고 기르면서도 주인 노릇하지 않습니다. .

언제나 욕심이 없으니 '작다'고 부를 수 있습니다. 만물이 모여들어도 주인 노릇하지 않으니 '크다'고 부를 수 있습니다. 끝내 스스로를 위대하다 여기지 않으니, 그 위대함을 이룰 수 있습니다.

《도덕경》, 〈도경 34장〉

도를 터득한 사람이 자유로운 이유는 일부러 애써서 하는 일이 없기 때문입니다. 일부러 애쓰지 않는 이유는 자신도, 타인도 의식하지 않아서죠. '좋은 사람'이 되고 싶다는 의식이 자기를 내세우게 만들고, '내가 했다'는 걸 인정받고 싶은 의식이 타인과 비교하고 경쟁하게 만듭니다.

그래서 노자는 은혜를 베푸는 일이 어렵다고 말했습니다. 누군가를 돕고도 생색내지 않기가 어려워서죠. 좋은 일, 옳은 일을 했더라도 누가 좀 알아줬으면 좋겠고, 남과 비교해 이겨야겠다는 마음이 든다면 안 하는 것만 못합니다. 이미 자기를 지나치게 의식해 일부러 애쓰는 일이 돼버리니까요.

자기를 지나치게 의식하는 사람은 억울하고 섭섭한 마음이 자주 듭니다. 감정의 자유를 잃어버린 거죠. 그래서 자기 입장을 자주 내세우고, 타인의 반응을 잘못이라 해석하고, 결국 자기가 맞다는 것을 확인받으려 합니다. 타인의 반응에 얽매여 행동의 자유 또한 잃어버리게 되는 거죠.

자기가 맞으면 그만이지, 굳이 타인에게 동의를 강요하는 것은 자기 욕심이나 시위에 불과합니다. 그런 모습은 주변 사람들을 불편하게 만들 뿐이죠. 굳이 하지 않아도 될 일을 억지로 만드니, 이를 두고 노자는 군더더기, 찌꺼기 같다는 표현을 썼습니다. 도를 지닌 사람이라면 모두가 싫어한다는 것을 감지하므로 이런 행동들을 자연스럽게 피하게 되겠지요.

사람도, 상황도 변화하는 과정에 있다는 걸 인식하면 타인에 대한 집착에서도, 자신에 대한 집착에서도 벗어날 수 있습니다. 한쪽으로 치우친 관점으로 바라볼 땐, 휘고 구부러지고 움푹해지고 낡아지고 적어지면 나빠졌다는 생각이 들겠지요. 하지만 다시 온

　　　　　　　　　　　　　　　오래된 말의 힘

전해지고 곧아지고 채워지고 새로워지고 얻어진다는 순환의 도리를 알고 있다면 그렇게 억울할 일도, 그렇게 섭섭할 일도 없을 겁니다.

상황도, 상대방도, 자신조차도 당연히 변하는데, 지금 이 순간 나쁘고 어렵게 느껴진다 해서 당황하거나 화낼 이유가 없습니다. 지금 상태에 집착해 남을 의식하거나 남한테 자기 입장을 강요하느라 애쓸 이유도 없고요. 그럴 시간에 마음을 비우고 변화를 주시하며 자기 목표를 향해 다음 행보를 정해야지요. 각자의 목표에 관심을 두는 거지, 나의 쓸데없는 애씀에 일일이 화답할 만큼 한가롭지 않습니다.

자신이 이런 깨달음을 얻어 실천에 옮기면 그뿐입니다. 다른 이들이 인정 좀 해달라며 자기를 내세운다고 인색하게 굴거나 야단칠 필요는 없습니다. 그런 모습이 한심하게 느껴진다면 그 또한 자기 입장을 크게 의식하고 있는 거니까요. 자기 입장과 다른 타인의 모습을 의식하면서 감정과 행동의 자유도 잃어버리게 되고요.

노자가 말하는 도의 작용이란 그저 이루어지는 대로 맡겨두는 겁니다. 그래서 도와 같아지려고 일부러 애쓰는 것 또한 도에 어긋나는 일이 되지요. 자신을 포함한 세상에 벌어지는 모든 움직임이 도의 흐름이라는 것을 자연스럽게 인정하면 그뿐입니다.

애초부터 '내가 했다', '내 것이다'라고 의식할 일들이 없단 의미죠. 그러면 무엇을 하든 남이 알아줄 것을 바랄 일도 없고요. 그때부터 진정한 감정의 자유, 행동의 자유를 누리게 됩니다. 자기가 한 일이 아닌 듯 내버려두었을 때 오히려 원하는 바대로 흘러가고, 더 큰 바람도 이루어지도록 만드는 것. 이것이 노자가 깨달은 자연의 도리가 가진 힘이었습니다.

"자기를 의식하지 않아야 자유롭고, 자유로워야 큰 뜻이 이루어집니다."

도道

도가道家에서 말하는 '도'란 만물을 존재하게 하는 근원으로서 시간과 공간을 넘어서는 불변의 원리입니다. 《도덕경》에서는 여러 상징물을 통해 도의 특성을 설명하고 있습니다.
세속적인 욕망에 물들지 않은 갓난아기, 사물이 나누어지기 이전 궁극의 상태인 무극無極, 인공적으로 다듬지 않은 원목 상태의 통나무 모두 양극으로 분리되지 않아 경계도, 한계도 없는 도의 모습을 상징합니다.

오래된 말의 힘

나에게만
너그러운 깨달음

어린 시절 알게 된 W는 밝고 강해 보였습니다. 하지만 속마음은 늘 괴롭고 불안한 상태였지요. 그래서 힘든 마음을 가라앉히기 위해 고전, 인문교양, 자기계발 책들을 찾아 읽었다고 합니다. 좋은 강연도 찾아듣고, 관련 프로그램에 등록도 하고요. 마음공부나 신앙 모임에도 열심히 참여했지요.

"OO 책에서도 사람들의 이기적인 자아自我가 문제라고 했지. 여기서 벗어나 나를 초월한 진아眞我의 경지를 맛봐야 하는 거야."
"OO 강사 말대로 자기 입장만 떠들어대면 인기 없잖아. 누구나 자기 말 들어주고 이해해주는 사람한테 호감 가는 법이니까."

"OO 목사님 설교 듣고 집에 오는 길에 갑자기 눈물이 쏟아지는 거야. 신이 나라는 존재를 특별히 사랑한다는 느낌을 받았거든."

"명상하면서 우주와 하나 되는 경험을 했지. 선생님이 진도 빠르다고 놀라더라고. 모든 존재가 하나라는 이 깨달음을 누가 알려나?"

자신의 특별한 깨달음에 대해 이야기할 때면 그 어느 때보다 너 그럽고 즐거워 보였습니다. 하지만 일상으로 돌아오면 또다시 자신이 처한 상황을 한탄하고, 주변 사람들과 잦은 갈등을 일으켰지요.

"팀장 때문에 짜증 나. 나보다 일도 모르면서 자꾸만 지적이야."

"엄마랑 싸웠어. 평소에는 나보다 하는 것도 없는데, 용돈 좀 챙겨준다고 동생 편만 들잖아."

"친구랑 연락 끊었어. 나보다 못생기고 공부도 못했는데, 결혼 좀 잘했다고 만날 때마다 잘난 척하는 꼴 보기 싫어서."

"애인이랑 헤어졌어. 나보다 자기 일, 자기 가족이 더 소중한 사람인 것 같아서."

"명상 모임은 그만 나가려고. 나보다 명상 단계도 낮은데, 나이 좀 먹었다고 훈계 늘어놓는 사람들이 너무 많아."

"매장 가서 한판 했어. 그동안 내가 팔아준 게 얼마인데, 고객서비스가 엉망이잖아. 윗사람 불러서 담당직원 혼내주고 나는 선물 받아왔지."

　　　　　　　오래된 말의 힘

"저 식당에 댓글로 주의 좀 줬어. 음식 맛은 나쁘지 않은데 손님 대하는 태도가 영 맘에 안 들어서. 이래야 정신 차리고 고치겠지?"

자신의 일상에 대해 이야기할 때면 표정도, 말투도, 행동도 거칠어지고 성난 것처럼 보였습니다. 자기 상황이 유독 나쁘고 주변 사람들도 별로라 괴롭고 불안한 상태가 반복된다고 여겼지요.

"이래서 사람들이 자기 수양 공부를 해야 돼. 영혼이 맑아서 깨달음이 빠른 나 같은 사람들은 세상살이가 힘들 수밖에 없어. 좋은 걸 말해줘도 이해하는 사람이 없으니까."

이렇게 울분을 토하며 내리는 결론은 한결같았습니다.

"깨달음이 통하는 성숙한 사람들하고만 지내면 얼마나 좋을까?"

자기를 알아야
밝아집니다.

하늘과 땅은 오래갑니다. 하늘과 땅이 오래갈 수 있는 까닭은 자기만 살려고 하지 않기 때문입니다. 그래서 오래도록 살아갈 수 있습니다.

성인도 마찬가지입니다. 자신을 뒤에 두기에 앞서게 되고, 자신을 내버려두기에 보존하게 됩니다. 이것은 사사로움이 없기 때문 아니겠습니까? 그로 인해 오히려 사사로움을 이루게 됩니다.

<도덕경>, <도경 7장>

남을 아는 사람은 지혜롭고, 자신을 아는 사람은 밝습니다. 남을 이기는 사람은 힘이 있고, 자신을 이기는 사람은 강합니다. 만족할 줄 아는 사람은 부유하고, 힘써 실천하는 사람은 뜻을 얻습니다. 자신의 자리를 잃지 않는 사람은 오래가고, 죽어도 잊히지 않는 사람은 영원토록 삽니다.

<도덕경>, <도경 33장>

잘 세운 것은 뽑히지 않고, 잘 품은 것은 벗어나지 않으니 자손들의 제사가 그치지 않을 것입니다.

이런 도리로 자신을 수양하면(수신修身) 그 덕은 참되고, 집안을 다스리면 그 덕은 넉넉하고, 마을을 다스리면 그 덕은 오래가고, 나라를 다스리면 그 덕은 풍성하며, 세상을 다스리면 그 덕은 널리 퍼질 것입니다.

그러므로 자신으로 자신을 살피고, 집안으로 집안을 살피고, 마을로 마을을 살피고, 나라로 나라를 살피며, 세상으로 세상을 살핍니다. 내가 어떻게 세상이 그러함을 알겠습니까? 이런 도리로 아는 것입니다.

《도덕경》, 〈덕경 54장〉

알지 못한다는 것을 아는 것이 가장 훌륭합니다. 알지 못하면서 안다고 하는 것이 병입니다. 오직 병을 병으로 여겨야 병이 되지 않습니다. 성인은 병이 없습니다. 병을 병으로 여기기 때문에 병이 없는 것입니다.

《도덕경》, 〈덕경 71장〉

예로부터 공적인 가치와 사적인 가치는 대립되는 논쟁거리였지

오래된 말의 힘

요. 대부분의 현인들이 사적인 가치를 희생해 공적인 가치를 이루어야 한다고 가르쳤고요. 그런데 노자는 두 가치를 통일된 것으로 보았습니다. 사사로운 욕망을 없애는 일이 단순히 개인의 희생에 머무는 것이 아니라 그보다 적극적인 의미를 지니는 거죠. 남을 이롭게 할 때 결국 자기도 이롭게 되는 자연의 도리에 근거해서요.

자연의 도리에는 애초부터 사사로운 마음도, 인위적인 행위도 개입되지 않습니다. 이와 같은 도리로 자기를 수양하고 사람들을 다스릴 때 사람의 도리가 실천되지요. 사람의 도리는 삶 속에서 이런 모습들로 구체화됩니다. 겸손하게 남들 뒤에 서 있고, 자기 신변에 크게 신경 쓰지 않고, 굳이 나서거나 참견하지 않고, 묵묵히 옆에서 도와주는 거죠. 사사로움이 뭔지 모르고 그저 주변과 조화를 이루는 자연의 상태를 닮았지요. 그래서 이런 사람들은 일부러 의도하지 않아도 마치 자연이 그러하듯, 자신의 입지가 안정적으로 보존됩니다.

겉만 보면 노자가 제시하는 인간상은 소극적이고 약합니다. 하지만 내면으로는 진정한 적극성과 강함을 지니지요. 그래서 남을 아는 지혜보다 더 밝은, 자신을 아는 지혜를 터득합니다. 남을 이기는 힘보다 더 강한, 자신을 이기는 힘을 발휘하고요. 남을 이기려 들기보다 스스로 만족하니 진정한 풍요를 누립니다. 이런 도리를 지니고 살면 사람은 죽어도 그 도리는 남으니, 영원토록 사는 것과 다름없다고 여긴 거죠.

노자는 타인을 분석해서 이겨보려는 전략을 짜고, 그 전략에 따라 사람들을 억지로 움직이는 방식을 거부했습니다. 그보다 자신을 제대로 파악해 스스로를 이겨내고, 스스로의 만족을 찾아내는 방식을 강조했지요. 목표나 뜻을 이루지 못하는 진짜 이유는 남을 이기지 못해서가 아니라 자신을 이기지 못해서니까요.

그래서 자기수양은 《도덕경》에서도 중요하게 다뤄집니다. 노자는 제대로 알지도 못하면서, 모른다는 것도 모르면서 섣불리 남들 위에, 남들 앞에 서려는 행위가 갈등과 문제를 만든다고 생각했습니다. 어설프게 아는 사람일수록 겉면 또는 한 면만 보고도 그것이 전부인 양 과장하고, 마치 세상의 이치와 규율을 전부 알아낸 것처럼 스스로를 뽐냅니다. 사회체계나 권위를 덧붙여 이것만이 옳다고 주장하고요. 인위적이고 억지스러운 방식으로 사람들을 불편하게 만드니 '병'이라고 불렀지요.

자기 결점이나 오류를 정확하게 아는 것, 아는 것과 모르는 것을 솔직하게 인정하는 것은 현명함을 넘어 진정성, 도덕성과도 직결되지요. 그래서 도를 지닌 사람은 쉽게 단언하거나 장담하는 것을 어려워합니다. 이미 알고 있더라도 섣불리 판단내리지 않고, 마치 새로운 것을 접하는 것처럼 겸손히 배우려는 자세를 취하지요. 사물의 여러 측면을 종합적으로 바라보고 상황의 변화를 감지하여, 무조건 맞고 틀리다는 분별심에 휘둘리지 않습니다. 그래서 편파적인 세상의 지혜를 넘어 '밝음'에 머문다고 표현한 겁니다.

"안다는 생각을 넘어설 때 비로소 자기를 넘어설 수 있습니다."

수신修身

노자의 수신은 인의도덕 같은 사회규범에 맞춰 자신을 가다듬는 방식이 아닙니다. 자연의 덕이 자신에게 채워질 수 있도록 몸과 마음을 비워내는 데 초점이 있습니다. 많은 것을 탐내지 않고, 할 수 있는 것에 충실할 줄 아는 거죠. 억지로 뭔가를 더해 보려 애쓰지 않고, 쓸데없는 것은 덜어내는 겁니다. 그렇게 해서 뭔가를 이루었다고 해도 소유하려 들지 않는 거고요.

이러한 자기 비움은 자신이 모른다는 것을 아는 것에서 출발합니다. 스스로 아는 것이 없다고 여겨야 일부러 하는 일도 없어지지요.

무엇을 위한
지적인가?

지인 V의 초대로 저녁 모임에 참석했습니다. V의 고향 친구들이
주로 모이는 자리였지만 안면이 있어 동석하기로 했지요. 그런데
지적하는 말투로 유독 시끄럽게 구는 사람이 있었습니다.

"V야, 내가 말한 향수 내놔."
"팀장님 눈치 보여서 못 샀어. 다음에 혼자 출장가면 사줄게."
"뭐냐, 의리 없게. 선물 안 사왔으니까 오늘 저녁 네가 쏴."
"우리 회비로 하면 되잖아. 대신 디저트 살게. 여기 너무 비싸다."
"너는 그게 문제야. 크게 한턱 쏴야 생색나지. 맨날 찔끔찔끔 쓰니
까 티도 안 나잖아. 너 회사에서도 그래? 그러면 후배들이 싫어해."

V는 난처한 듯 잠시 머뭇거렸습니다. 당연히 거절할 줄 알았는데 어색하게 웃으며 "알았다"라고 답하더군요.

"얘들아, 오늘 V가 쏜대. 비싼 거 시켜. 이게 다 내 덕이다?"
"V야, 잘 생각했어. 너 회사 열심히 다니면서 돈 좀 모았잖아? 그럼 이제 쓰고 살아야지. 비싼 옷 입고, 명품도 지르고, 차도 좀 바꾸고. 가뜩이나 없어 보이는데 꾸며야 애인도 생기고 결혼도 하지."
"그래, 네 말대로 요즘은 브랜드 옷 사 입어. 이것도 새로 산 거야."
"뭐? 중고 샀나? 옷 고르는 센스 없으면 부탁을 하든가. 그리고 새 옷이면 뭐해. 뚱뚱하고 피부 더러우면 꽝이야. 너 관리 좀 받아."
"그렇지 않아도 요즘 다이어트 중이야."

V의 표정이 어두워지자 그 친구는 어이없다는 듯 말을 이었죠.

"뭐야, 삐졌어? 저놈의 성격 또 나왔네. 그렇게 예민하면 사람들하고 못 어울린다고 내가 몇 번 말했어? 친구니까 솔직히 말해주는 거지. 다들 너 뒤에서 욕한다고."

모임이 끝나고 다행히 다른 친구들의 만류로 회비를 걷어 식사비를 계산하기로 했지요. 그런데 연신 친구들에게 지적을 해대던 그 사람이 옆 친구에게 이렇게 부탁하더군요.

"야, 나 지난달에 선자리가 있어서 명품 몇 개 질렀더니 카드 막느라 현금이 모자라네. 다음 달에 월급 들어오면 바로 쏠 테니까 오늘 회비 좀 대신 내주라, 응?"

어쩌면 그 사람의 모든 지적은 타인이 아닌 자신을 향한 것일지도 모르겠습니다. 명품 두르고 좋은 차 몰고 늘씬한 몸매에 매끈한 피부 가져야 자기 가치를 인정받는다고 여기는 거죠. 남들한테 값비싼 선물 안기고, 고급 레스토랑에서 크게 한턱내고, 남들 앞에서 예민하게 굴지 않아야 자기를 좋아해준다고 생각하는 거고요. 겉모습에 매여 사는 그 사람은 아마 모를 겁니다. 자신의 공허한 지적을 다 받아주고 계속 만나주는 이 친구들이 진짜 대단한 사람들이라는 걸 말이죠.

외적인 것에 의존하는
마음을 멈춰야 합니다.

다섯 가지 색깔(오색五色)은 사람의 눈을 멀게 하고, 다섯 가지 소리(오음五音)는 사람의 귀를 멀게 하며, 다섯 가지 맛(오미五味)은 사람의 입맛을 상하게 합니다.

말 타고 사냥하는 것은 사람의 마음을 광분하게 하고, 얻기 어려운 재물은 사람의 행동을 어지럽게 합니다.

그래서 성인은 배부름을 위하고, 눈의 즐거움을 위하지 않습니다. 후자(욕망)는 버리고 전자(본성)를 취합니다.

〈도덕경〉, 〈도경 12장〉

총애와 굴욕에 놀라 당황하고, 큰 우환을 마치 자기 몸처럼 귀하게 여깁니다.

총애와 굴욕에 놀라 당황한다는 것은 무슨 뜻일까요? 총애란 하찮은 것인데도 그것을 얻어도 놀라고, 잃어도 놀랍니다. 이를 일러 총애와 굴욕에 놀라 당황한다고 합니다.

큰 우환을 마치 자기 몸처럼 귀하게 여긴다는 것은 무슨 뜻일까요? 나에게 큰 우환이 있는 까닭은 내가 몸을 가졌

오래된 말의 힘

기 때문입니다. 나에게 몸이 없다면 무슨 우환이 있겠습니까?

그러므로 자기 몸을 귀하게 여기듯이 세상을 위한다면 세상을 맡길 수 있고, 자기 몸을 아끼듯이 세상을 위한다면 세상을 부탁할 수 있습니다.

《도덕경》, 〈도경 13장〉

사람을 다스리고 하늘을 섬기는 일에는 아끼는 것만 한 것이 없습니다. 오로지 아끼기 때문에 일찌감치 도를 따를 수 있습니다. 일찌감치 따르는 것을 일러 덕을 거듭 쌓는다고 합니다. 덕을 거듭 쌓으면 이겨내지 못할 것이 없습니다. 이겨내지 못할 것이 없으면 한계를 알지 못합니다. 한계를 알지 못하면 나라를 맡을 만합니다. 나라의 근본을 지니게 되면 오래도록 유지할 수 있습니다. 이것이 깊은 뿌리와 굳은 바탕으로 오래 사는 이치입니다.

《도덕경》, 〈덕경 59장〉

'무엇이 사람을 힘들게 하는가?' 노자는 당시 사람들이 살아가는 모습을 보며 고심했습니다. 그리고 알아챘지요. 사람들이 욕망을 채우는 즐거움에 몸과 마음을 집중하면서 문제가 생겨났다는 것을요. 사람들은 더 갖고, 더 누리고 싶은 욕망에 쉽게 사로잡힙니다. 부자가 되는 것을 인생 목표로 삼고, 값비싼 물건들을 내 것으로 만들고 싶어 조바심을 내지요. 신나고 흥이 돋아야 행복하게 사는 것 같으니, 감각을 즐겁게 자극하는 활동들을 찾아다니게 됩니다.

그런데 날 때부터 이런 욕망들을 갖고 있지는 않았죠. 살다 보니 주변에서 부자여야 잘 사는 것처럼 이야기하고, 값비싼 물건을 갖고 싶지 않느냐고 유혹하고, 왜 남들만큼 재미있게 못 사냐고 부추깁니다. 왠지 모르게 눈치가 보이고 마음이 불안해지죠.

노자는 이런 상황이 자연스럽지 못하다고 생각했습니다. 본성에 따르는 배부름에 초점을 맞춰 살면 누군가의 눈치를 볼 일도, 마음이 불안해질 일도 없으니까요. 입고 먹고 거주할 곳을 해결하며 일상적인 생활을 보장받을 수 있다면, 그것만으로도 충분히 만족하고 자유로울 수 있다고 여겼습니다.

그런데 인위적으로 만들어진 사회구조와 문화가 이런 사람의 본성을 가리고 있지요. 그 속에서 사람들은 자기 본성에 따라 살지 못하고 주변 사람들과 집단의 분위기를 의식하게 됩니다. 사람들이 좋다고 여기는 칭찬, 인정, 명예를 얻으면 신이 나고, 나쁘다고 여기는 비난, 미움, 굴욕을 얻으면 우울해지죠. 자기가 지닌 객관적 가치보다 외부의 평가 기준이나 반응에 감정이 휘둘리는 겁니다.

노자는 남들에게 예쁨 받는 것도, 미움 받는 것도 다 하찮은 일이라고 말했지요. 예쁨 받는다, 미움 받는다고 느끼는 순간 자신이 상대방에게 종속돼버리기 때문입니다. 한번 예쁨 받으면 그것을 유지하기 위해 애쓰게 되고, 미움 받으면 미움 받지 않으려고 마음 쓰게 되니까요. 나의 존재 가치를 남에게 맡겨버리는 꼴이죠. 그래서 누군가가 예쁘다, 밉다며 나를 종속시키려 한다면, 그 권한 바깥에 자신을 두어야 합니다. 평가나 반응과는 별개로 내 존재 가치를 보존하는 거죠.

사람들은 특정 문화권 내에 살면서 습득한 기준을 자기 생각이라 여기며 삽니다. 아무에게도 무시당하지 않고, 인정받으며, 남 보란 듯이 잘살아야 한다는 것. 이 또한 사람들이 만들어낸 인위적인 잣대에 불과하지요. 그래서 타고난 본성, 가치를 살피지 못하는 실수를 범합니다.

그러니 불확실한 타인의 판단보다는 자연의 흐름에 따른 자기 본성을 회복하는 일이 사는 데 좀 더 유용합니다. 그 흐름을 터득하면 사람들과 다툴 일도, 마음이 오르락내리락 요동칠 일도 줄어들 테니까요.

물론 '내가 제일 소중하니까' 남들 말을 무작정 무시하거나 남들을 불편하게 만들어도 괜찮은 건 아니겠죠. 자연의 도를 지닌 사람은 내면을 지키되 주변과 조화롭게 어우러지니까요. 노자는 도에 따라 내면을 지키는 구체적인 첫걸음을 '아낌'에서 찾았습니다.

아낌에는 물질적인 검소함만이 아니라 정신적인 검약도 포함됩니다. 지나치게 신경 쓰고, 과도하게 집착하고, 마음가짐을 조급히 하는 것은 정신 소모가 많으니 사치에 해당하지요. 자연의 흐름에 순응해 마음을 비우고, 정신상태를 고요하게 유지해야 합니다. 감각적인 즐거움, 사회의 기준, 사람들의 시선 같은 외부 자극에 소모되는 체력, 지력, 정신력을 아끼고 보존하는 거죠.

노자는 사람들이 이룩한 문명 전체를 거부한 것은 아니었습니다. 그중 사람들이 본성에 따라 살아가는 데 필요한 것만 적절히 취하는 실속주의에 가깝지요. 자신에게 무엇이 실속 있고 가치 있는지 알기 위해 내면을 살펴보라고 권했던 겁니다.

> "내면이 견고한 사람은 외부 환경을 알맞게 향유할 수 있습니다."

오색五色, 오음五音, 오미五味
오색은 청색, 황색, 적색, 백색, 흑색으로, 여기서는 여러 가지 화려한 색깔을 의미합니다. 오음은 궁, 상, 각, 치, 우의 다섯 음률을 지칭하며, 여기서는 다양한 음악소리를 뜻하지요. 오미는 신맛, 쓴맛, 단맛, 매운맛, 짠맛으로, 여기서는 온갖 음식을 말합니다. 즉, 오색, 오음, 오미는 인간이 만든 문명이 가져온 취미와 향락을 상징합니다.
노자가 비판하고 반대했던 당시 귀족의 삶은 일반 백성의 삶과 전혀 다른 모습이었습니다. 오색, 오음, 오미, 사냥, 진귀한 물건에 대한 욕심으로 가득했고, 그런 것들이 귀족만의 문화를 구성했지요. 노자는 문명이나 문화의 발전 자체를 부정한 것이 아니었습니다. 이렇게 세속의 탐욕에 물든 그릇된 문화를 부정했던 거죠. 노자는 의식주가 풍부해지기를 희망했고, 내적인 평정과 담백한 생활방식을 추구했습니다.

도움 받을
자격이 있냐고?

회사와 결연을 맺은 보육원이 있었습니다. 매달 직원들에게 신청을 받아 봉사활동을 나갔지요. 주말 일정을 핑계로 차일피일 미루다 친한 선배의 지속적인 권유로 참가하게 됐습니다. 배정받은 역할은 초등 저학년 반의 보조교사였습니다. 같은 팀이 된 네 명의 아이들에게 친한 척을 해봤지만 어색하기만 했습니다. 다행히 보드게임을 하며 웃고 떠드는 가운데 아이들도 저도 긴장이 풀렸지요.

　그런데 프로그램 진행 내내 A라는 아이가 유독 심기를 건드렸습니다. 심드렁한 얼굴로 앉아 게임도 건성으로 하고 선생님들 이야기도 귀담아듣지 않았지요. 뒷정리가 끝나기도 전에 뛰쳐나가고요. '나도 보육원 신세였다면 삐딱하게 굴었겠지'라고 이해하려

했다가도 '혼자만 힘들어? 다른 아이들은 힘들어도 밝게 웃으면서 씩씩하게 노력하잖아'라는 생각에 괘씸하게 여겨졌습니다.

그나마 게임 후 부쩍 친해져서 그런지 '또 와요?'라고 물어보거나 공손하게 인사하는 아이들이 있어 '오길 잘했다'는 위안이 들었지요. 뒷정리를 마치고 복도를 지나가는데 유아반 창문 너머로 A의 모습이 보였습니다. 생글생글 웃으며 선배와 이야기하고 있더군요. '저렇게 웃을 줄 아는 애였어?' 왠지 섭섭한 기분이 들었습니다. 보육원 마당에 모여 봉사 일정을 마무리 짓고, 돌아가는 길에 선배의 차에 동승했습니다.

"오늘 괜찮았어?"

"네, 아이들 덕분에 행복했어요. 또 오냐고 물어서 감동했고요."

"한두 번 오고 안 오니까. 아이들은 얼굴 기억하고 있는데……."

"아, 그런 뜻이었구나. 얼떨결에 대답했는데 약속 지켜야겠네요. 오늘 담당이 초등 저학년이었는데 A랑 잘 아세요?"

"아, 그 반이었구나. A 말 잘 안하지?"

"솔직히 상처 좀 받아서 다시 안 올까 했어요."

"처음 봐서 그래. 계속 오면 자기가 먼저 와서 챙겨."

"아무리 처음 봐도 그렇죠. 게임도 대충하고 뒷정리도 안 하고 태도가 별로 안 좋던데요?"

"또 그랬구나. 유아반에 친동생이 있는데 떨어뜨려서 프로그램

할 때마다 그러네. 평소에 손 꼭 붙잡고 다니면서 끔찍이 위하거든. 다른 동생들도 잘 챙겨서 애들이 잘 따라. 철이 너무 일찍 든 게 문제라면 문제일까?"

선배도 처음 회사 봉사활동을 왔을 때 무표정에 말 없는 A에게 마음이 쓰였다고 합니다. 그래서 보육원 선생님에게 따로 상담을 요청해 개인 봉사 일정을 잡았다고요. '이러다 안 올거죠?'라며 핀잔주던 A도 이제는 선배 앞에서 해맑은 아이의 얼굴을 보일 수 있게 된 거죠.

선배의 이야기를 들으며 모든 상황을 나를 중심으로 해석했던 것이 부끄러워졌습니다. 도움 주러 온 착한 나를 홀대했으니 도움 받을 자격이 없다고 평가했고, 도움 받는 사람은 도움 주는 사람한테 당연히 고마워해야 한다고 강요했던 건 아닐까 하고요. 누군가를 진정으로 도울 수 있으려면 마음의 자격부터 갖춰야 한다는 걸 알게 된 날이었습니다.

오래된 말의 힘

자애로움은
차별 없이 포용합니다.

성인은 일정한 마음을 갖지 않고 백성의 마음을 자신의 마음으로 삼습니다. 선한 사람에게 선하게 대하고, 선하지 않은 사람에게도 선하게 대합니다. 그래서 선이 이루어집니다. 신의 있는 사람에게 신의로 대하고, 신의 없는 사람에게도 신의로 대합니다. 그래서 신의가 이루어집니다.

성인은 세상을 대할 때 자기 의지를 거두고 마음의 분별을 없앱니다. 백성들은 눈과 귀를 집중해 분별심을 일으키지만, 성인은 모두를 어린아이처럼 되게 합니다.

《도덕경》, 〈덕경 49장〉

도는 만물의 안식처입니다. 선한 사람의 보배이고, 선하지 않은 사람도 보호받는 곳입니다.

아름답게 들리는 말은 잘 팔리고, 존귀하게 보이는 행동은 남에게 영향을 미칩니다. 사람의 선하지 않음이라 하여 어찌 버리겠습니까?

그러므로 천자를 세우고 삼공三公을 임명할 때 큰 옥을 앞세우고 사두마차를 바치더라도 제자리에 앉아 도를 바치는 것만 못합니다. 옛날에 도를 귀하게 여긴 까닭이 무엇이겠습니까? 구하면 얻을 수 있고, 죄가 있어도 면할 수 있다고 하지 않았습니까? 그래서 세상이 이를 귀하게 여기는 것입니다.

《도덕경》, 〈덕경 62장〉

세상 사람들이 말하기를 나의 도는 크지만 기존에 알던 도와 같지 않다고 합니다. 같지 않으니 클 수 있습니다. 만약 같았다면 오래전에 하찮은 것이 되었을 것입니다.

나에게는 세 가지 보배가 있어, 이를 지니고 보존해왔습니다. 첫째는 자애로움, 둘째는 검소함, 셋째는 세상에 앞서려 하지 않는 것입니다. 자애로우니 용감할 수 있고, 검소하니 너그러울 수 있고, 세상에 앞서려 하지 않으니 영도자가 될 수 있습니다.

자애로움을 버린 채 용감해지려 하고, 검소함을 버린 채 너그러워지려 하며, 뒤에 서는 태도를 버린 채 앞서려고만 한다면 죽음에 이릅니다. 자애로움으로 싸우면 이기고, 자애로움으로 지키면 견고해집니다. 하늘도 누군가를 구하

노자에게 '선하다'는 것은 '악하다'의 상대적인 개념이 아닙니다. 도의 관점에서 바라보면 선한 것과 악한 것, 아름다운 것과 추한 것, 있는 것과 없는 것의 구별이 무의미하니까요. 도를 따르는 상태를 선하다, 도를 따르지 못하는 상태를 선하지 못하다 정도로 이해하는 것이 적합하겠지요.

갓난아기 때 사람의 본성은 도에서 벗어나지 않아 절대선에 가깝습니다. 그래서 노자는 무위를 통해 원래부터 그러한 자연의 본성을 회복하기만 하면 된다고 말했습니다. 사람이란 본래부터 착하고 진실한 존재이므로 좋은 사람, 나쁜 사람, 잘난 사람, 못난 사람으로 차별할 이유가 없습니다.

독선적이고 차별을 일삼는 사람 앞에서는 누구나 눈치가 보이고 불안해집니다. 가만히 있다가는 일방적으로 피해를 볼까 봐 상대방도 똑같이 독선적이고 차별하는 자세를 취하게 되지요. 반대로 자신이 처한 상황, 입장, 감정 상태를 살피며 편견 없이 있는 그대로 포용해준다면 누구든 마음이 편안해질 겁니다. 차별이나 피해당할 일이 없다는 믿음이 생기면 상대방도 똑같이 너그러운 자세를 취하게 되지요. 그래서 도를 터득한 사람은 상대방이 선하든 선하지 않든, 선하게 대해서 진정한 선을 이룹니다. 신의가 있든 없든, 신의로 대해서 진정한 신의를 이루고요. 조건 없는 포용 앞에서는 누구나 어린아이처럼 순수해질 수 있으니까요.

포용한다는 것은 도를 닮은 모습입니다. 도는 차별할 줄도, 우열을 가릴 줄도 몰라서 그 앞에서는 세상 만물이 평등해집니다. 그저 모든 것을 낳고 기르고 아끼고 보호할 뿐이죠. 선한 사람에게도, 선하지 못한 사람에게도 차별하지 않고 포근한 안식처가 돼줍니다. 옳다 그르다, 좋다 나쁘다는 인위적이 판단이 없으니 쓸모없는 것도, 버림받는 것도 없고요. 선한 사람은 그 안에서 구하는 것을 얻을 수 있고, 선하지 못한 사람은 잘못에서 벗어나 언제든지 선한 사람으로 변화할 수 있지요.

이렇게 귀하고 쓸모 있는 도를 곁에 두고도 사람들은 제대로 알아보지 못합니다. 눈에 보이고 손에 잡히는 외적인 것, 형식적인 것에 정신이 쏠려 있어서죠. 높은 벼슬자리, 금과 옥으로 꾸민 값비싼 선물, 사두마차를 대령한 화려한 예식만으로 사람들을 이끌 수 있는 것은 아닙니다. 도의 포용성을 실천하는 것이 사람들의 진심을 얻는 길이지요. 기도, 기부, 제사, 굿과 같은 외적인 종교 활동만으로 근본적인 문제가 해결되는 것이 아닙니다. 도의 자애로움을 실천하는 것이 자신과 타인 모두를 보호하고 변화시키는 길이 되지요.

노자는 일상생활 속에서 도를 실천하는 가장 중요한 덕목으로

'삼보三寶'를 제시했습니다. 보배처럼 귀하게 여겨야 할 이 원칙에는 자애로움, 검소함, 세상에 앞서려 하지 않는 것이 포함됩니다. 그중에서도 으뜸으로 꼽히는 덕목이 '자애'(자慈)입니다. 노자가 말하는 자애는 인의도덕처럼 사람들이 배워서 아는 개념이 아니지요. 인간의 타고난 본성에 기초한, 즉각적이고 무의식적으로 일어나는 사랑을 말합니다. 세상을 품는 도의 모습처럼 다 주고도 대가를 바라지 않는 마음이지요.

진정한 자애가 가능하려면 자기욕망, 자기주관, 자기주장부터 비워내야 합니다. 자신과 타인을 구분하지 않아야 타인의 마음을 자신의 마음처럼 여길 수 있으니까요. 인위적인 판단기준이나 편견에서 벗어나 종합적인 관점에서 타인의 마음을 바라보면 차별하거나 배척할 수 있는 사람이 없습니다. 그래서 어떤 사람이든, 어떤 상황에서든 조건 없이 배려하고 보호할 수 있는 거죠.

"하늘도 누군가를 구하려 할 때, 편견이나 조건 없는 자애로움으로 호위합니다."

삼공三公
옛날 가장 높은 벼슬자리를 말합니다. 태사, 태부, 태보 또는 대사마, 대사도, 대사공을 일컫지요.

삼보三寶

'삼보'는 노자가 말하는 도와 덕이 사회적으로 어떻게 구현되는지 보여주는 대표적인 실천 덕목입니다.

첫 번째로 꼽히는 '자애'(자慈)는 인간의 본성에 뿌리 박혀 있어 사랑과 동정심을 일으키는 근원입니다. 합리적 사고나 문화적 배경 때문에 일어나는 것이 아니라 즉각적이고 무의식적으로 일어나는 마음이지요. 그래서 주관과 객관, 자신과 타인의 구분이 없어지게 만듭니다.

노자가 말하는 자애는 인간만이 갖고 있는 도덕개념은 아닙니다. 그보다는 모든 생명체가 공유하고 있는 자연적인 감정에 가깝지요. 도가 세상 만물을 낳고 기르고 보호하지만 대가를 요구하지 않는 것처럼, 그저 있는 그대로 주는 마음입니다. 무조건적으로 사랑하는 마음이기 때문에 어떤 위험이든 무릅쓸 수 있는 용기가 발휘되는 거죠.

두 번째 '검소함'(검儉)은 아끼는 자세입니다. 물질적인 절약만이 아니라 정신적인 절제도 포함됩니다. 인적, 물적 자원을 아끼고 정신을 맑고 고요하게 유지해 역량을 축적하는 거죠. 낭비하지 않는 행위 자체만으로도 주변에 이익을 베푸는 효과를 가져옵니다.

세 번째 '세상에 앞서려 하지 않는 것'(불감위천하선不敢爲天下先)은 겸손과 자기낮춤으로 다투지 않는 태도를 말합니다. 자신을 감추니 드러나고, 낮추니 높아지고, 앞서려 하지 않으니 앞서게 되는 거죠.

사람들은 용감하거나 너그럽거나 영도자의 자리에 서는 결과만을 보고 환호하지만, '삼보' 없이 이루어진 결과라면 죽음과 다르지 않습니다. 자애 없는 용기는 폭력이 되고, 검소함 없는 너그러움은 창고를 텅 비게 하며, 앞서려 하는 영도자는 다툼을 일으키니까요.

허드렛일도
아무렇지 않다면

"그렇게 갑자기 통보하면 어떡해요? 약속을 어겼으면 준비할 시간이라도 줘야죠."

Y는 울상이 돼서 전화를 끊었습니다.

"무슨 일 있으세요?"
"동업자가 갑자기 투자금을 빼달라고 해서요. 같이 돈 모아서 매장 임대한 건데, 그 돈 빠지면 어떻게 유지해야 할지 막막합니다."

심리상담사 출신인 Y는 지하상가 한 모퉁이에 작은 카페를 창업할 계획이었습니다. 기존 치료센터보다 편안한 분위기에, 저렴한 가격으로 상담 서비스를 제공하고 싶었지요. 본인의 전문 분야인 심리상담에는 늘 자신이 있었습니다. 손님들 반응도 좋았고요. 하지만 아무리 작은 카페라 해도 사업을 운영한다는 것은 그리 녹록한 일이 아니었지요. 큰 것부터 사소한 것까지 챙겨야 할 일들이 한두 가지가 아니었으니까요.

Y는 급하게 대출을 받아 자금을 확보했습니다. 그 안에서 임대보증금을 메꾸고, 최대한 저렴하게 인테리어 시공을 마쳤지요. 여러 업체를 조사해 제공할 메뉴, 서비스, 운영방침을 정했습니다. 그에 맞춰 설비 구매, 거래업체 선정, 필요인력 채용을 진행했고요. 식음료를 다루다 보니 허가사항도 꼼꼼히 챙겨야 했습니다. 매장을 알리려면 소질 없는 영업과 홍보에도 전념해야 했지요. 새벽부터 일어나 재료 구매, 설비 점검, 직원 교육, 손님 응대, 식음료 제조, 상담 서비스, 청소, 정산, SNS 홍보하는 일과를 반복했습니다. 초기투자비 회수는커녕 매달 운영비 걱정, 매출 압박으로 밤잠을 설치곤 했습니다. 모자라면 빚을 내서라도 책임져야 하니까요.

주변에서 카페 창업에 대해 물어올 때마다 Y는 제일 먼저 이 질문을 던지곤 합니다.

"화장실 막힌 거 치울 자신 있으세요?"

멋들어진 공간을 운영하는 사장님 소리 듣는 것 말고, 남들이 꺼려하는 허드렛일을 하나하나 챙길 자신이 있다면 창업해도 괜찮다는 의미겠죠. 모든 손님에게 머리 숙이고, 누군가가 남기고 간 쓰레기를 치우고, 하루 종일 서서 일하고, 수시로 바뀌는 아르바이트생에게 화내지 않고, 동업자가 배신해도 상처 받지 않고, 급전을 빌리기 위해 아쉬운 소리 하는 것도 마다하지 않을 수 있다면 말입니다.

그렇게 6년을 보낸 지금, Y는 지점을 3개로 늘려 안정적으로 운영하고 있습니다. 여전히 매일 일어나는 사건사고와 허드렛일들을 마다하지 않으면서요. 다만 예전보다는 매사에 능숙하고 세련되게 대응하는 어엿한 대표자로 성장했지요.

하찮은 것이 모여
원대함을 이룹니다.

세상의 어려운 일은 반드시 쉬운 것에서 생겨나고, 세상의 큰일은 반드시 작은 것에서 생겨납니다. 그래서 성인은 끝내 큰일을 하지 않으나 그로 인해 큰일을 이룰 수 있습니다. 가볍게 수락하면 반드시 믿음이 부족하고, 너무 쉽게 여기면 반드시 어려움이 많아집니다. 이 때문에 성인은 모든 일을 어렵게 여기니 끝내 어려움이 없게 됩니다.

《도덕경》, 〈덕경 63장〉

안정한 상태일 때 유지하기 쉽고, 아직 조짐이 없을 때 도모하기 쉬우며, 취약할 때 깨뜨리기 쉽고, 미세할 때 흩어 버리기 쉽습니다. 아직 일이 생기기 전에 처리하고, 혼란해지기 전에 다스려야 합니다.

아름드리나무도 털끝만 한 싹에서 자라나고, 구층 누대도 한 줌 흙에서 솟아나며, 천 리 길도 발밑에서 시작합니다. 억지로 하는 사람은 실패하고, 집착하는 사람은 잃습니다. 따라서 성인은 억지로 하지 않으므로 실패하지 않고, 집착

오래된 말의 힘

하지 않으므로 잃지 않습니다.

사람들이 일을 하면 언제나 거의 완성할 즈음에 실패합니다. 시작할 때처럼 신중하게 끝마치면 실패하는 일이 없을 것입니다.

그러므로 성인은 욕심이 없기를 바라고, 얻기 어려운 재물을 귀하게 여기지 않으며, 배우지 않음을 배우고, 사람들이 지나쳐 버리는 것으로 돌아갑니다. 만물이 스스로 그러하도록(自然, 자연) 도울 뿐, 감히 억지로 행하지 않습니다.

《도덕경》, 〈덕경 64장〉

노자가 말하는 세상만사에 성공하는 비결은 하나입니다. 매사에 무위로 임하는 것이지요. 무위는 아무것도 하지 않는 상태가 아닙니다. 오히려 무언가를 일사불란하게 처리하는 상태죠. 어찌할 줄 몰라서 요란법석만 떨다가 결과물은 엉성해지는 초보자의 모습과는 거리가 멉니다. 조용히 알아서 완성도 있는 결과물을 만들어내는 숙련자의 모습에 가깝지요.

세상 사물이 변화하고 발전하는 원칙은 한결같습니다. 무엇이든 작고 쉬운 데서 시작하지요. 아름드리나무도 작은 싹에서 시작하고, 높은 누대도 한 줌 흙에서 시작하고, 천 리 길도 한 걸음부터 시작합니다. 아무리 원대해 보여도 모든 것의 처음은 작고 하찮습니다. 발전하는 과정 속에서 규모가 커지고 해결하기 어려운 문제들이 나타나게 되지요.

이런 흐름을 알기에 무위로 임하는 사람은 문제가 커지거나 상황이 어려워지기 전에 작고 쉬운 것부터 바로바로 처리합니다. '이 일을 언제 다해'라며 한숨 지을 시간에 그저 그날 해야 할 분량을 묵묵히 처리하는 거죠. 그런 날들이 하루 이틀 쌓여가면 아무리 크고 어려워 보이는 일이라도 언젠가는 끝이 날 테니까요. 매일 작고 쉬운 것부터 해결해나갔으니, 끝까지 큰일은 안 하는 것처럼 보입니다. 하지만 어느새 큰일이 이루어져 있지요.

노자는 사람들이 처음부터 실패하는 건 아니라고 했습니다. 보통 시작할 때는 열정도 가득하고 의지도 굳건하지요. 그래서 처음에는 누구나 신중한 자세를 취합니다. 그런데 점점 익숙해지고 싫증이 나면서 건성으로 처리하는 일들이 많아지게 되지요. 그때부터 잠재된 문제들이 불거져 나오면서 상황이 어려워집니다. 거의 완성할 즈음에 와서 실패의 길로 접어드는 거죠.

무위의 도를 실천하는 사람은 성공과 실패가 한순간에 역전되는 흐름을 알기에 매사에 신중할 수밖에 없습니다. 시작할 때나 마무리할 때나 한결같은 태도를 유지하는 거죠. 작고 쉬워 보이는 일이라도 조심하고, 익숙해졌다고 해서 방심하지 않습니다. 모든 일을 크고 어렵게 대하다 보니 정작 큰 문제나 어려운 상황을 피해갈 수 있지요.

매사에 무위의 자세를 유지하는 사람은 비현실적으로 높은 이상을 경계합니다. 무작정 크기만 한 꿈은 작지만 꼭 해야 하는 소중한 일들을 하찮아 보이게 만드니까요. 작은 것, 쉬운 것부터 시작해 한 발 한 발 나아가려 하지 않고, 크고 어려운 것에만 집착하면 실수가 잦아집니다. 실수가 계속되면 이상과 현실의 괴리가 커지면서 좌절감만 쌓이고요. 결국 스스로를 실패자로 낙인찍는 결정적인 실수를 범하게 되지요.

시작부터 마무리까지 그때그때 해야 할 일들에 충실하면, 결과에 대한 집착에서도 자유로울 수 있습니다. 특정 시점에는 실패한 것처럼 보여도 조건이 성숙되면 물 흐르듯 자연스럽게 이루어지는 일들이 있지요. 매순간 신중하게 해야 할 도리를 다했다면, 실패한 것처럼 보인다는 이유로 자신을 타박하거나 상황의 억울함을 호소할 필요가 없는 거죠. 같은 원리로 특정 시점에 성공했다면 일이 진행되는 흐름에 순응한 덕분이지요. 그러니 내가 했다고 자랑하거나 내 것이라고 우길 이유도 없는 겁니다.

"본래의 자연自然에 순응하는 사람에게는 성공하지 못할 일이 없습니다."

자연自然

《도덕경》에 나오는 '자연'은 '원래 그러하다', '저절로 그러하다'라는 의미를 담고 있습니다. 자기에 대해서도, 만물에 대해서도 '인위를 가하지 않은 본래의 상태'를 나타내는 거죠. 그래서 무위와 결합해 '무위자연無爲自然'이라는 숙어도 생겨난 거고요. 스스로 이루어진 것들을 통틀어 자연이라 부르지만 세부적으로 나누면 물리적인 세계도 자연이고, 타고난 인간의 본성도 자연이고, 세계의 본연한 모습도 자연이고, 운명도 자연이 됩니다. 《도덕경》에서 삼라만상의 세계를 한정적으로 일컬을 때는 '천지' 또는 '만물'이라는 단어를 사용하고 있습니다.

오래된 말의 힘

세상 물정에
어두운 걸까?

"꼭 그 동네로 가야겠어?"

"내가 나 좋겠다고 이래? 애들 학교 때문이잖아."

"거기로 가면 집은 더 좁아지고 대출은 더 받아야 되잖아. 지금 이
자 내기도 빠듯한데, 원금 상환 돌아오면 빚더미에 올라앉을래?"

"나도 일하면 되잖아. 안 되면 아르바이트라도 할게."

"여기서 보내면 고생 안 해도 되잖아. 잘될 놈은 어디가도 잘돼."

"그게 부모가 돼가지고 할 소리야? 잘될 길 있으면 무리를 해서
라도 만들어줘야지. 남들은 고액과외에 해외유학 보내고 난리구
만. 아빠라는 사람이 이 정도도 못 해줘?"

"아, 그럼 그런 아빠한테 가라고 그래!"

오늘도 이사 문제로 아내와 말다툼을 했습니다. 아이들한테 좋다는데, 저라고 싫겠습니까? 하지만 아무리 생각해도 지금 월급으로는 빠듯하니 속만 끓일 수밖에요. 뾰로통해진 아내를 볼 때마다 스스로가 못난 놈인 것 같아 자괴감마저 듭니다.

예전에 아내는 시댁 식구를 부양하며 홀로 자립한 제 사정을 누구보다 잘 이해해주었지요. 둘이 돈을 모아 방 두 칸짜리 신혼집을 구해서 살 때도 서로 의지하며 행복하게 지냈습니다. 맞벌이로 지금 살고 있는 아파트를 장만했을 때의 기쁨은 이루 말할 수 없었지요. 비록 서울 변두리에 위치해 있지만 거실도 널찍하고 방도 여러 개고 경관도 좋고 동네도 깨끗해서 마음에 쏙 들었습니다. 무엇보다 함께 애써서 장만한 우리만의 공간이라 더 뿌듯했죠.

그런데 아이들이 커가면서 아내의 걱정이 부쩍 늘었습니다.

"요즘은 초등학생도 학원 서너 개는 기본이야. 다른 엄마들이 애들 너무 방치하는 거 아니냐고 걱정해서 창피할 정도라고."

"앞동 OO 네는 강남 근처로 이사 간대. 거기서 유명 학원가까지 차로 금방이라 애들 직접 픽업해서 다닐 거래."

"친구 XX 네는 방학 내내 필리핀으로 어학연수 보낸대. 지금부터 아예 해외대학 보낼 생각으로 준비시킨다고."

처음에는 '요즘 아이들 교육은 우리 때랑 많이 다른가 보다' 하

오래된 말의 힘

고 무심히 넘겼지요. 아내도 긴가민가하며 살짝 고민하는 정도였는데, 요즘은 조바심과 스트레스를 넘어 우리 스스로를 무능한 부모처럼 여기기까지 합니다. 그런데 저로서는 아이들한테 부끄럽지 않은 아빠로 최선을 다하고 있거든요. 한 번도 쉬지 않고 일했고, 남부러울 정도는 아니지만 가난한 살림도 아니고, 바쁘지만 짬 내서 함께 보낸 시간도 많습니다. 고맙게도 우리 아이들이 밝고 건강하게 잘 자랐고, 공부를 그렇게 못하는 편도 아니고요. 저는 지금 이 상태로도 충분히 행복한데, 아내 말처럼 제가 세상 물정에 어두운 걸까요?

오래된 말의 힘

만족은 채움보다
비움에서 옵니다.

명성과 내 몸, 어느 것이 더 귀한가요? 내 몸과 재물, 어느 것이 더 소중한가요? 얻음과 잃음, 어느 것이 더 해로운가요? 무엇이든 지나치게 좋아하면 낭비가 크고, 많이 쌓아두면 크게 잃습니다. 만족할 줄 알면 치욕을 당하지 않고, 멈출 줄 알면 위태롭지 않으니 오래갈 수 있습니다.

《도덕경》, 〈덕경 44장〉

세상에 도가 있으면 전쟁터에서 달리던 말을 풀어 밭을 일구게 합니다. 세상에 도가 없으면 전쟁에 끌려간 말이 성 밖에서 새끼를 낳습니다.

만족을 모르는 것보다 더 큰 재앙은 없고, 가지려는 욕심보다 더 큰 허물은 없습니다. 그러므로 만족을 아는 만족이야말로 영원한 만족입니다.

《도덕경》, 〈덕경 46장〉

나오는 것이 삶이고, 들어가는 것이 죽음입니다. 삶의 무리가 열에 셋, 죽음의 무리가 열에 셋, 살면서 죽을 자리로 움직이는 무리 또한 열에 셋입니다. 왜 그럴까요? 살려는 욕망이 지나치기 때문입니다.

들건대 섭생攝生을 잘하는 사람은 육지에서 코뿔소나 호랑이를 만나지 않고, 전쟁터에서 무기의 피해를 입지 않는다고 합니다. 코뿔소는 그 뿔로 들이받을 곳이 없고, 호랑이는 그 발톱으로 할퀼 곳이 없으며, 무기는 그 칼날을 들이밀 곳이 없습니다. 왜 그럴까요? 그에게는 죽음의 자리가 없기 때문입니다.

《도덕경》, 〈덕경 50장〉

노자의 인생관은 간단합니다. 자기 생명을 소중히 여기고, 명성이나 재물은 가능한 선에서 만족하며 사는 것. 노자는 가진 것을 모두 버리라고 강요하거나 인간의 기본적인 욕망 자체를 부정하지는 않았습니다. 다만, 지금 이 순간에 만족할 줄 알고, 분수에 넘치지 않도록 멈출 줄 알아야 한다고 당부했지요.

만족할 줄 아는 능력은 욕심이 적은 것과 관련 있습니다. 욕심을 모두 충족해서 만족하는 것이 아니라 욕심을 부리지 않기 때문에 만족할 수 있는 거니까요. 남들보다 많은 부와 명성을 가지고 있

오래된 말의 힘

어도 스스로 만족할 줄 모르면 늘 부족감에 시달리게 됩니다. 부나 명성과는 거리가 있어도 스스로 만족할 줄 안다면 언제 어디서든 충족감을 느낄 수 있지요.

아이러니하게도 상황이 어렵거나 가진 것이 적을 때의 욕망은 소박합니다. 먹을 음식, 입을 옷, 잘 공간이 있고, 주변 사람들과 하루하루 평안하게 지내는 것만으로도 다행이라는 생각이 드는 경우죠. 그런데 상황이 편안해지고 가진 것이 많아질수록 새로운 욕망이 꿈틀거립니다. 더 좋은 음식을 먹고, 더 좋은 옷을 입고, 더 좋은 공간에서 자고, 더 좋은 사람들과 어울리며 남 보란 듯이 살고 싶어지죠. 그래서 성공한 인생을 상징하는 부와 명성을 쌓기 위해 온 마음과 온 힘을 기울입니다.

그러나 나의 욕심과 무관하게 자연의 도리는 공평하게 흐르지요. 세상 만물의 발전에는 끝이 있고, 그 한계 지점을 넘으면 반대 방향을 향하게 됩니다. 높아지면 낮아지고, 채워지면 비워지는 이치대로요. 그래서 부와 명성에 정신과 에너지를 쏟아 쌓아가는 만큼, 어느 부분에서는 자연스럽게 그에 상응하는 대가를 치르게 됩니다. 또 다른 물질적인 손실이 될 수도 있고, 신체적 소모, 정신적 불안, 인간관계 훼손, 인격 상실 등이 될 수도 있지요. 쉽게 얻기 어려운 욕망을 좇느라 몸과 마음을 혹사시키는 사람들을 보며 노자는 되물었습니다. 부와 명성, 자기 생명 중 무엇이 더 귀하냐고요.

노자는 대수롭지 않아 보이는 '만족할 줄 아는 능력'이 일평생의 명예와 굴욕, 재앙과 복, 건강과 병, 심지어는 삶과 죽음까지도 판가름한다고 보았습니다. 만족할 줄 모르는 마음이 지나친 욕심을 부르고, 그 욕심이 주변과의 다툼을 일으키고, 그로 인한 화가 고스란히 자신에게 되돌아오니까요. 삶에 대한 애착이 심하고, 더 잘 살아보려는 욕망이 강할수록 삶은 점점 더 황폐해집니다. 인위적으로 애쓰는 일들이 많아지고, 지켜내야 할 것, 더 가져야 할 것들이 늘어나니 피로할 수밖에 없지요. 자연의 흐름을 거슬러 늘 좋기만을 바라는 욕심은 위기의 순간마다 사람을 한없이 약하고 초라하게 만듭니다.

인생사의 굴곡 앞에서 강하고 당당해지려면 만족하는 법을 터득해야 합니다. 사사로운 욕심을 비우고 만족한 상태를 유지해야 청정의 상태, 무위의 상태에 가까워지니까요. 그러면 인위적인 기준보다 자연스러운 도의 흐름에 영향을 받기 때문에 자신의 이해득실 앞에서도 동요하는 마음을 조절할 수 있습니다. 좋을 때는 좋은 대로, 나쁠 때는 나쁜 대로 그 순간 그대로를 받아들일 수 있는 거죠.

생사의 기로와 같은 위험한 상황 앞에서도 다르지 않습니다. 사사로운 욕심 없이 만족한 상태, 즉 고요한 마음 상태를 유지하면 자신이 통제할 수 없는 외부 상황에 구속받지 않습니다. 바깥으로 정신이 쏠려 이리저리 끌려다니며 몸과 마음을 소모하는 일에서 벗어나게 되는 거죠. 외부 위협에도 자유로울 수 있으니 다치거나 죽을 자리가 없다고 표현한 겁니다. 어떤 상황에서도 자기 생명을 보존하며 온전한 삶을 유지하니 영원한 만족도 가능한 거고요.

"만족을 아는 사람은 위협할 방법이 없으니, 언제 어디서
든 평안한 삶을 누립니다."

섭생攝生

사전적인 의미는 병에 걸리지 않도록 건강 관리를 잘해서 오래 살기를 꾀
하는 것입니다. 같은 말로 양생養生이 있지요.

고대 중국에서는 전통적으로 생명과 건강을 지키고 유지하기 위한 다양
한 노력이 있었습니다. 특히 《도덕경》에 '장생長生'이라는 개념이 등장한 이
후, 건강 유지를 위한 여러 기술과 방법이 탐구됐지요. 노장사상의 영향
을 받아 후대에 발전한 도교적 양생술養生術에서는 신체 단련술뿐만 아니
라 정신수양도 함께 다루었습니다.

그런데 엄밀히 말하면, 노자가 의도했던 섭생의 의미는 후대의 보양론적
발전 방향과는 조금 다릅니다. 노자는 생명에 대한 과도한 집착에서 벗어
나는 것이 오히려 삶을 풍요롭게 만드는 길이라고 여겼으니까요. 어떤 수
단을 통해서든 인위적으로 생명을 연장하는 것은 죽을 자리로 가는 지름
길이라고 비판했습니다.

섭생을 잘하는 사람은 그저 도를 따라 살다가 목숨이 다하면 자연스럽게
죽습니다. 만물이 생성하고 변화하는 흐름에 따라 삶으로 나왔다가 죽음
으로 들어가는 거죠. 그에게 죽음은 근본적으로 삶과 다르지 않습니다.
한 가지 존재양식에서 다른 존재양식으로 옮겨 갈 뿐이죠. 한 가지 사물
의 양면이니 어느 한편에 집착할 이유가 없습니다.

삶도 없고 죽음도 없으니, 살 자리도 없고 죽을 자리도 없다고 했습니다.
그 말은 역으로 언제 어디서든 생명을 보존할 수 있다는 뜻이죠. 그래서
어떤 위험한 일을 겪더라도 무위의 방식으로 삶을 잘 꾸려갑니다.

비워낸 자리에
들어오는 것

"정말 대책 없네. 공사 구분은 해야지."

고객센터에 들르니 팀장님이 뾰로통한 얼굴로 하소연했습니다.

"무슨 일 있으세요?"
"O직원 알지? 어제는 결근에, 오늘은 출근해서 울기만 하잖아.
남자친구가 연락두절 됐다나 뭐라나. 퉁퉁 부은 얼굴로 어떻게 상
담해."

자리가 빈 것을 보고 화장실로 가봤습니다. 세면대 앞에 빨갛게

충혈된 눈으로 그녀가 서 있더군요.

"뭐야, 또 잠수 탄 거야?"

속상해서 던진 말에 O는 눈물보가 다시 터졌습니다.

"내가 분명히 한 번만 더 그러면 헤어질 거라 그랬는데, 또…….."

O 직원과 남자친구는 다툼이 잦았습니다. 그녀는 하루에도 몇 번씩 연락하고 데이트도 자주 하길 원했지요. 반면 남자친구는 잦은 연락과 데이트를 피곤해했습니다. 바쁘다며 연락을 무시하거나 예고도 없이 며칠씩 잠수를 타기도 했지요. 그때마다 O는 회사에서 울며불며 헤어지겠다고 선언했지만, 정작 남자친구 앞에서는 아무 말도 못하곤 했습니다.

누군가는 O 직원이 너무 의존적이라며 자기 시간을 가져보라고 권했지요. 일에 집중하고 취미생활을 즐기고 친구들과 놀면서 독립적인 모습을 보이면 오히려 남자친구가 먼저 연락하고 만나자고 할 거라고요. 누군가는 당장 헤어지고 배려 많은 사람을 만나라고 조언했지요. 아무리 바쁘고 힘들어도 좋아하는 사람한테는 짬을 내서라도 연락하고 얼굴 보려 애쓰는 법이라고요.

O 직원도 머리로는 조언들을 다 이해했습니다. 문제는 마음이

따라주질 않는 거였죠. 친구들과 놀면서도 핸드폰을 들여다보게 되고, 헤어지자 다짐했다가도 보고 싶었으니까요. 이런 마음을 아는지 모르는지, 불안해하고 안달하는 그녀에게 남자친구는 점점 더 냉담해졌습니다. 결국 '헤어지자'는 통보를 받은 것은 O 직원이었죠.

수척해진 그녀의 모습은 옆에서 보기에도 안타까웠습니다. 선배들이 소개팅을 주선했지만 '누군가를 만나기 겁이 난다'며 마다했습니다. 그렇게 1년쯤 지났을까요. 매주 한두 번씩 O 직원을 데리러 오는 사람이 있었습니다. 고등학교 동창이라던 그는 얼마 후 그녀의 남자친구가 되었고, 지금은 남편이 되었지요. O 직원이 '귀찮다'라고 표현할 정도로 연락도 애정표현도 자주하는 사람이고요. 지인끼리 모여 지난 이야기를 할 때면 O 직원의 울보 시절이 꼭 등장합니다. 이제는 그녀도 농담으로 받아칠 만큼 편안해졌습니다. '그때 안 차였으면 지금 이 사람을 못 알아볼 뻔했다'면서요.

비우고 없애야
이로워집니다.

하늘과 땅은 어질지 않아 만물을 짚으로 만든 개(추구芻狗)
처럼 대합니다. 성인도 어질지 않아 백성을 짚으로 만든
개처럼 대합니다.
하늘과 땅 사이는 마치 풀무의 바람통 같지 않을까요? 텅
비어 있으나 고갈되지 않고, 움직일수록 바람을 더 내뿜습
니다.

〈도덕경〉, 〈도경 5장〉

서른 개의 바퀴살이 하나의 바퀴통에 모이는데, 바퀴통 중
간이 비어야 수레의 쓸모가 생깁니다. 진흙을 반죽해 그릇
을 만드는데, 그릇 중간이 비어야 그릇의 쓸모가 생깁니다.
문과 창을 내어 방을 만드는데, 안이 비어야 방의 쓸모가
생깁니다. 그러므로 있음이 이로운 것은 없음의 쓰임 때문
입니다.

〈도덕경〉, 〈도경 11장〉

오래된 말의 힘

> 되돌아가는 것이 도의 움직임이고, 약한 것이 도의 작용
> 입니다. 세상 만물은 유에서 생겨나고 유는 무에서 생겨
> 납니다.
>
> 《도덕경》, 〈덕경 40장〉

노자가 말하는 '무'는 단순한 '없음' 그 이상의 의미를 지닙니다. 세상을 존재하게 한 근원으로 시간과 공간을 넘어서며 어떠한 경계도 한계도 없는 '도'를 말하는 거죠. 너무나도 큰 '전체'이다 보니 우리 같은 작은 존재는 인식할 수 없기 때문에 '없다'고 밖에 표현할 수 없었던 겁니다.

마치 없는 것처럼 보이는 '도'라는 힘은 보이지 않는 작용을 통해 보이는 존재들, '유'를 만들어내고 유지합니다. 우리가 '있다'고 인식하는 모든 것들이 여기에 해당하지요. 우리의 인식 수준에는 한계가 있어 늘 있는 것과 없는 것을 양분하려 듭니다. 하지만 한계가 없는 도의 입장에서 보면 이런 구분이 무의미하겠죠. 있음과 없음이 끊임없이 상호작용하며 공존하고 있으니까요. 그런 관점에서 도는 무이면서 동시에 유라고 할 수 있습니다.

이런 세상의 존재 방식을 고려하지 못하면 있음의 이로움에만 관심이 쏠리게 됩니다. 그 모습이 안타까웠던 노자는 우리가 인식

할 수 있는 일상 속 사물을 예로 들어 있음의 쓸모를 가능하게 하는 없음의 쓸모에 대해 이야기합니다. 풀무의 텅 빈 바람통, 수레바퀴의 빈 곳, 그릇 중앙의 빈 곳, 방 안의 빈 곳. 없음이 우리에게 주는 혜택을 볼 수 있도록 도와준 거죠.

이런 원리는 사람의 마음가짐과 행동 방식에도 동일하게 적용됩니다. 갓난아기였을 때 우리는 도와 같은 상태였습니다. 사사로운 의도도 욕심도 없었죠. 그런데 자라면서 더하고 채우는 생활 방식에 익숙해집니다. 자기 존재감을 드러내고 더 많이 가졌다는 걸 증명하는 데 관심의 대부분이 쏠리게 되지요.

스스로 자신감을 채워야 하고, 타인과의 관계에서 인정을 얻어야 하고, 더 안정적인 사회적 위치를 차지하기 위해 애를 씁니다. 시간이 갈수록 말도 많아지고, 할 일도 많아지고, 가져야 할 목록도 많아지죠. 신경 쓰고 처리할 게 한두 가지가 아니라 몸도 마음도 바쁜데, 어딘가 새는 듯 허전한 이 느낌은 뭘까요?

하늘과 땅은 어질지 않다고 했습니다. 나의 애씀과는 무관하게 세상은 그저 도의 원리에 따라 움직입니다. 있음에서 없음으로 없음에서 있음으로 순환하며 공존하고 있을 뿐이죠. 이런 원리를 고려하지 못하고 가진 것에 집착하는 사람은 자기 의도와는 정반대로 무언가를 뺏기는 느낌을 받게 됩니다. 자신이 있음에서 없음으로 흐르는 자연스러운 과정에 놓여 있다는 걸 알아채지 못해서죠.

세상의 자연스러운 흐름에 역행하느라 힘겨워하는 사람들에게 노자는 관점을 살짝 바꿔보자고 제안합니다. 그동안은 자기 존재의 '있음'의 측면에 과도하게 집중했다면, 이제는 '없음'의 측면에도 관심을 가져보자는 거죠. 여러 감정과 의도로 가득 채웠던 마음부터 비워보는 겁니다. 바라는 일, 소유하고 싶은 것 때문에 과도해졌던 행동들도 하나씩 없애보고요.

그렇게 비우고 없애다 보면 거꾸로 나의 존재 가치가 드러난다는 것이 노자가 나누고 싶은 삶의 통찰이었습니다. 도의 원리에 따라 없음에서 있음으로 자연스럽게 흘러감을 깨닫는 거죠.

"있음과 채움을 가능하게 하는 없음과 비움의 쓸모에도
관심을 기울여보세요."

추구芻狗
짚으로 만든 개. 고대 중국에서 제사 때 사용하던 것으로, 제사가 끝나면 불에 태워버렸습니다. 하찮아 쓸 데가 없는 물건을 비유하는 말입니다.

잠시 져주고
오래 이긴다

"시어머니보다 더 심하다니까요. 나보다 나이도 어린데……."

결혼 후 오랜만에 만난 모임에서 X는 분통을 터뜨렸습니다. 대다수는 시어머니와의 갈등을 토로하는데, X에게는 또 다른 복병이 있었지요. 아주버님의 아내인 나이 어린 맏동서였습니다.

X의 신혼집은 시댁과 아주버님 댁 근처에 있었습니다. 자연스럽게 서로 간의 왕래가 잦을 수밖에 없었죠. 다 같이 모였을 때는 두 며느리 모두 시어머니 눈치를 살피느라 얌전히 있었지요. 문제는 형님과 일대일로 상대할 때였습니다.

"내가 가족 서열로는 손윗사람이니까 말 낮추는 게 맞는 거 알지?"

"동서는 먼저 연락할 줄 몰라? 어제 내가 보낸 문자는 봤어?"

"어머님한테 들은 건 말해달라고 했잖아. 혼자 잘 보이려고 그래?"

"어머님이 시킨다고 곧이곧대로 다하면, 안 하는 나는 뭐가 돼? 동서는 사회생활도 하면서 그렇게 눈치가 없어?"

"동서는 계속 일할 건가 봐? 어머님은 우리 애들 봐주셔야 하는데."

"어머님이 막내아들이라고 엄청 예뻐하시잖아. 둘이 버니까 형편도 낫고. 그러니까 이번 비용 부담은 서방님 네서 좀 더 해."

X는 맏동서가 윗사람인 것은 인정하지만 대놓고 군기 잡겠다고 벼르는 태도가 맘에 들지 않았죠.

"나도 한 성깔 하는데, 시댁이라 참는 거죠. 대놓고 할 순 없어서 일부러 문자 씹고 어머님한테 더 싹싹하게 굴었어요. 약 오르라고. 그런데 눈치는 빨라가지고 득달같이 연락 와서 뭐라고 하는 거예요. 일하는 거랑 돈 내는 거로 트집 잡고. 엊그제는 형님 얼굴 보기 싫어서 몸 아프다 핑계대고 시댁에도 안 갔다니까요."

사연을 듣고 있던 결혼 십 년 차 선배가 조심스럽게 말을 꺼냈습니다.

"그렇게 대놓고 군기 좀 잡혀달라고 애원하는데 들어주는 척이라도 하면 안 돼? 자기보다 나이도 많지, 공부도 더했지, 직장 다니면서 돈도 벌지, 시어머니한테 예쁨도 받지, 이런 손아랫사람이면 나 같아도 부담될 거 같은데. 결혼 생활 더 오래 한 형님이 시댁이랑 적절히 거리 유지하는 데 초보자가 들어와서 균형을 깨고 있잖아. 어떻게 처신하는 게 본인한테도 장기적으로 유리할지 생각해봐요."

그 후 X는 선배의 말을 참고해 형님한테 져주는 전략을 폈지요. 안부도 먼저 물어주고, 어머님 앞에서 편도 들어주고, 같이하자는 것도 해주고요. 몇 달 지나지 않아 형님의 닦달은 멈췄습니다. 몇 년 지난 지금은 어려운 일이 있을 때마다 상의하고 도움 주는 관계가 되었고요. 요즘 X는 편안해진 얼굴로 이렇게 말하곤 합니다.

"예전에도 그렇고, 지금도 그렇고, 형님 말이 다 맞지요."

유연해져야
강해집니다.

세상에서 가장 부드러운 것이 세상에서 가장 단단한 것을 부립니다. 형체가 없는 것은 틈이 없는 곳까지 들어갑니다. 나는 이로써 무위의 유익함을 압니다. 말 없는 가르침, 무위의 유익함에 미칠 만한 것이 세상에 드뭅니다.

《도덕경》, 〈덕경 43장〉

사람이 살아 있으면 부드럽고 연약하지만, 죽으면 딱딱하게 굳어집니다. 만물과 초목도 살아 있으면 부드럽고 연하지만, 죽으면 말라서 뻣뻣해집니다.
그러므로 딱딱하고 강한 것은 죽음의 무리이고, 부드럽고 약한 것은 삶의 무리입니다. 군대가 강하면 이기지 못하고, 나무가 강하면 부러집니다. 강하고 큰 것은 아래에 놓이고, 부드럽고 약한 것은 위에 놓입니다.

《도덕경》, 〈덕경 76장〉

세상에 물보다 부드럽고 약한 것은 없습니다. 그러나 단단

오래된 말의 힘

하고 강한 것을 공략하는 데 물보다 나은 것이 없습니다. 물을 대신할 것이 없습니다. 약함이 강함을 이기고 부드러움이 단단함을 이기는 것을 세상에 모르는 사람이 없으나 실행에 옮기지는 못합니다.

그래서 성인이 이렇게 말했습니다. "나라의 치욕을 떠맡으니 사직의 주인이라 할 수 있고, 나라의 불길한 일을 떠맡으니 세상의 왕이라 할 수 있습니다." 올바른 말은 반대처럼 들립니다.

《도덕경》, 〈덕경 78장〉

'유약柔弱하다'는 말은 보통 부실하거나 나약한 모습, 줏대 없이 흔들리는 모습을 연상시키지요. 하지만 노자가 강조한 '유약'의 가치는 연약하게만 보이는 외면이 아닌, 내면의 강건함에 있습니다. 부드러움 속에 굳셈을 품고, 약함 속에 강함을 지닌 외유내강에 가까운 모습이지요.

이런 모습은 도를 닮은 것이라 노자가 특히나 귀하게 여겼습니다. 자연의 도는 형태나 흔적이 없으니 아무런 힘도 없어 보입니다. 그래서 약한 것처럼 느껴지죠. 하지만 세상 만물이 도로 인해 생겨나고 도 안에서 길러지니, 그 힘을 능가할 만큼 강한 것은 없습니다. 그럼에도 자기 힘을 자랑하는 법 없이, 있는 듯 없는 듯, 그저 자기 방식대로 존재하는 것이 도의 덕이지요.

세상 만물 중 도를 가장 빼닮은 물의 덕 또한 그러합니다. 자기 형체가 없으니 담기는 그릇에 맞춰 제 모양을 바꾸지요. 고유의 형체를 주장하지 않으니 좁은 틈 사이로도 유유히 흘러 들어가고요. 어느 것과도 힘을 겨루거나 다투지 않습니다. 그저 타고난 존재 방식을 유지할 뿐이죠. 그런데도 어느새 그릇은 빈틈없이 꽉 채워지고, 단단한 바위는 녹아서 부서집니다.

세상 만물 중 하나인 사람의 인생살이도 이와 같아야 순탄하다는 것이 노자의 깨달음이었지요. 자연스러운 이치인데 사람들이 머리로만 이해하고 실천하지 못하는 이유는 조급한 마음이 들어서입니다. 물처럼 처신했다가 남들이 알아주지도 않고 손해만 보면 어쩌나 하고요. 그래서 도를 체득하지 못한 사람일수록 '강자'처럼 보이려는 실수를 자주 합니다. 자기 힘을 내세우고 자기를 고집해야 우월한 위치를 차지할 수 있다고 믿는 거죠.

이런 믿음에 근거해 어렵고 광범위하고 위대해 보이도록 말과 행동을 꾸밉니다. 싸워서라도 재물, 지위, 권력, 무력을 확보하려고 애쓰고요. 그래야 상대방을 주눅 들게 만들어 자기를 돋보이게 할 수 있으니까요. 하지만 자신의 강함을 드러낼수록 사람들과 어울리는 일이 어려워집니다. 기피 대상, 공격 대상이 되어 다치거나 소외되거나 원하는 것을 달성하는 데 실패할 확률이 높아지죠.

오래된 말의 힘

도를 체득한 진정한 강자일수록 '약자'와 같이 처신합니다. 애초부터 남들보다 많이 갖겠다거나 더 우월한 위치를 차지하겠다는 의도가 없지요. 그러니 힘을 자랑하거나 자신의 덕을 내세울 이유가 없습니다. 고상한 척하거나 타인의 인정을 바랄 필요도 없고요. 자기 힘에 기대서 억지로 이루어보려는 것이 비현실적인 욕심인 것을 압니다. 인위적으로 만들어진 잘못된 믿음에 근거하고 있으니까요.

그럴 바에야 세상을 운행하는 자연의 흐름에 순응하는 편이 훨씬 현실적입니다. 주어진 형편이나 조건을 살펴 마음가짐과 몸가짐을 낮게, 부드럽게, 약하게 조절하는 법을 터득하는 거죠. 유연한 태도는 공연히 강한 힘을 외부로 드러내 다치거나 실패하는 위험을 막아줍니다. 강함을 숨기고 약자의 모습을 유지하는 것이 성공과 성취를 이루는 데 더 유리하고 확실한 방법이기도 하고요.

한때 힘을 과시하며 승승장구하던 큰 나라와 인재들이 급속히 쇠퇴하며 사라져가는 춘추전국시대의 현실을 보며 노자는 확신했습니다. 힘이 없는 듯 부드럽고 약하게 처신하는 일은 이기고 지는 문제를 넘어 삶과 죽음의 문제와도 연결된다는 것을요.

그렇다고 성공과 생존을 위해 무조건 혹은 비겁하게 약자처럼 숨어 지내라는 뜻은 아니겠지요. 세상 만물은 도의 흐름에 따라 강할 때도, 약할 때도, 나아갈 때도, 물러날 때도 있습니다. 그 흐름을 무시하고 늘 강자인 것처럼 억지로 애쓰지 말라는 의미죠. 이렇게 변화무쌍한 도의 흐름에 유연하게 대처하기 위해 낮고, 부드럽고, 약한 상태를 유지하라는 것이 노자의 당부였습니다.

"강함을 뽐내면 약해지고, 약함에 머물면 강해집니다."

정언약반正言若反

진짜 올바른 말일수록 겉으로 보면 오히려 틀린 말 같고 세속의 정서와는 상반된다는 뜻이지요. 그래서 틀렸다는 생각이 들게 하는 닫힌 사고, 치우친 잣대에서 벗어나라는 충고를 담고 있습니다. 노자는 대립되는 세계의 구분이나 경계를 허물고 둘의 공존을 모색하려 했으니까요.

'정언약반'은 《도덕경》 전반에 걸쳐 나타나는 대표적인 표현법이기도 합니다. 아래 예시처럼 여러 가지 형태의 서로 대립되면서도 서로 어울리는 개념들을 개괄하는 말이죠.

"밝은 도는 어두운 것 같고, 나아가는 도는 물러서는 것 같고…… 큰 그릇은 늦게 이루어지고, 큰 소리는 들리지 않고." (41장)

"완전한 기교는 서툰 것 같고, 완전한 언변은 어눌한 것 같습니다." (45장)

"아는 사람은 말하지 않고, 말하는 사람은 알지 못합니다." (56장)

"뛰어난 장수는 무력을 드러내지 않고, 싸움을 잘하는 사람은 성내지 않습니다." (68장)

"믿음직한 말은 아름답지 않고, 아름다운 말은 믿음직하지 않습니다." (81장)

이렇게 서로 대립되어 보이는 개념들은 특정한 조건에서 서로 융합, 일치하는 과정을 거치며 통일성을 지니게 됩니다. 흐름과 변화라는 조건이 개념의 융통성을 가능하게 하는 거죠.

오래된 말의 힘

참고문헌

공자 편

《논어》, 동양고전연구회 역, 민음사(2016)

《논어로 대학을 풀다》, 이한우 저, 해냄(2015)

《논어정독》, 부남철 저, 푸른역사(2010)

《논어, 학자들의 수다》, 김시천 저, 더퀘스트(2016)

《똑똑한 리더의 공자지혜》, 링용팡 저, 오수현 역, 북메이드(2011)

《대학》, 동양고전연구회 역, 민음사(2016)

《맹자》, 동양고전연구회 역, 민음사(2016)

《맹자 시대를 찌르다》, 정천구 저, 산지니(2014)

《중용》, 동양고전연구회 역, 민음사(2016)

《통으로 읽는 논어》, 김재용 저, 이매진(2013)

노자 편

《노자》, 노자 저, 김원중 역, 글항아리(2013)

《노자》, 노자 저, 김학주 역, 연암서가(2011)

《노자》, 노자 저, 임헌규 역, 책세상(2005)

《노자》, 김홍경 저, 들녘(2015)

《도설천하 노자》, 도설천하 국학서원계열 저, 심규호 역, 시그마북스(2010)

《도덕경》, 노자 저, 김하풍 역, 문예출판사(2014)

《도덕경》, 노자 저, 오강남 역, 현암사(1995)

《장자》, 장자 저, 김학주 역, 연암서가(2010)

《한국민족문화대백과사전》, 한국정신문화연구원(1991)

오래된 말의 힘